ÉTUDE PRATIQUE

SUR

L'INSTRUCTION ET LA PROCÉDURE CRIMINELLE

EN FRANCE ET EN ANGLETERRE.

ÉTUDE PRATIQUE

SUR

L'INSTRUCTION ET LA PROCÉDURE CRIMINELLE

EN FRANCE ET EN ANGLETERRE,

PAR

AMBROISE BUCHÈRE,

DOCTEUR EN DROIT,

SUBSTITUT DU PROCUREUR IMPÉRIAL,

A NAPOLÉONVILLE.

RENNES,

A. LEROY, IMPRIMEUR DE LA COUR IMPÉRIALE ET DE LA MAIRIE,

RUE LOUIS-PHILIPPE, 1.

1860.

ÉTUDE PRATIQUE

SUR

L'INSTRUCTION ET LA PROCÉDURE CRIMINELLE

EN FRANCE ET EN ANGLETERRE.

> « Si vous examinez les formalités de la justice par rapport à la peine qu'a un citoyen à se faire rendre son bien ou à obtenir satisfaction de quelque outrage, vous en trouverez sans doute trop ; si vous les regardez dans le rapport qu'elles ont avec la liberté ou la sûreté des citoyens, vous en trouverez souvent trop peu ; et vous verrez que les peines, les longueurs, les dépenses, les dangers même de la justice, sont le prix que chaque citoyen donne pour sa liberté. »
>
> (MONTESQUIEU, *Esprit des Lois*, liv. 6. ch. 2.)

L'instruction criminelle en France, dont les modifications successives, résultat de l'expérience et du progrès de la civilisation, ont si souvent appelé l'attention des criminalistes, a soulevé de tous temps de nombreuses critiques. On se plaint des lenteurs judiciaires, de l'arbitraire laissé à certains magistrats, de la détention préventive, de l'incertitude et quelquefois de la faiblesse des décisions du jury devant les Cours d'assises. On va même jusqu'à prétendre que les prévenus ne trouvent pas dans nos lois de suffisantes garanties, et l'on invoque, souvent sans la connaître, la législation anglaise comme bien préférable à la nôtre sous ce rapport. Ces critiques, injustes pour la plupart, naissent en grande partie, d'un examen superficiel de notre législation. L'instruction criminelle, dans ses rapports avec la société, les garanties qu'elle donne à l'accusé, les précautions qu'elle prescrit pour éviter de fatales erreurs, ne peut être connue que par la pratique, et il serait facile de repousser les objections qui sont soulevées. Nous n'avons pas l'intention d'aborder une question de controverse aussi étendue; mais elle nous a suggéré la pensée d'une étude comparative de nos institutions criminelles avec celles qui régissent l'Angleterre. Loin de nous la prétention de présenter un traité complet des institutions criminelles de ces deux pays. Nous nous bornerons à en tracer une esquisse rapide et sommaire qui suffira, nous le pensons, pour justifier la préférence que nous accordons à notre législation sur celle de nos voisins d'outre-mer. Nous exposerons dans un premier chapitre l'aperçu historique des institutions criminelles dans notre pays, utile pour établir la marche progressive qu'a suivie en France cette législation.

CHAPITRE Ier.

APERÇU HISTORIQUE DE LA LÉGISLATION CRIMINELLE EN FRANCE.

Si nous remontons à l'origine de la nation française, le premier trait que nous ayons à signaler dans la procédure criminelle est l'absence complète de l'action publique. La poursuite est une action purement privée, abandonnée à la partie lésée, ne tendant qu'à une réparation pécuniaire. Les parties sont maîtresses de la poursuite; elles peuvent transiger, l'abandonner complètement et arrêter ainsi le cours de la justice.

Le premier monument de notre législation criminelle se trouve dans la loi salique, que de savants auteurs font remonter au temps du roi Pharamond, mais dont il est difficile de préciser la date (1). Nous y trouvons l'énumération et la définition des délits, le caractère des peines et quelques règles sur la procédure criminelle. Les peines, pour les hommes libres, se bornent à la composition, *widrigeld*, somme que le coupable est tenu de payer à l'offensé ou à sa famille, et quelquefois le *fred*, somme payée au roi ou au magistrat en réparation de la violation de la paix publique. Point de peines corporelles, point d'emprisonnement. Quant à la procédure criminelle, elle est fort incomplète. La loi ne parle ni des tribunaux, ni des formes de l'instruction. On y rencontre cependant la distinction du fait et du droit. L'offenseur, appelé par l'offensé, comparaissait dans le *mâl*, assemblée des hommes libres, devant des juges, comtes, rachimbourgs, arhimans, etc., qui déterminaient ce que prescrivait la loi sur le fait allégué. Quant à la

(1) Voir, sur ce point, les savantes dissertations de M. Guizot, Histoire de la civilisation en France, t. 1, 9e leçon, p. 258.

réalité du fait, elle s'établissait, en général, par diverses épreuves, l'eau bouillante, le fer chaud, le combat judiciaire, etc.; quelquefois aussi par les dépositions des témoins; le plus souvent par le serment des *conjuratores*. L'accusé se présentait entouré d'amis, de parents, de voisins qui venaient jurer qu'il n'avait pas fait ce qu'on lui imputait. L'offensé avait aussi les siens; il n'y avait ni interrogatoires ni discussion de témoignages. Les *conjuratores* se bornaient à affirmer sous serment la vérité de l'assertion de l'offensé, ou de la dénégation de l'offenseur. Il suffisait même que les *conjuratores*, sans avoir aucune connaissance des faits, affirmassent que l'accusé était incapable du fait qui lui était imputé.

Ce système barbare, que nous retrouvons dans la loi des Francs Ripuaires (1), subsista plusieurs siècles. Nous ne pouvons suivre pas à pas les changements introduits dans la procédure criminelle par les Capitulaires de Charlemagne et autres ordonnances de nos rois; bornons-nous à dire que les épreuves, appelées souvent le jugement de Dieu, disparurent peu à peu. Le combat judiciaire, si conforme aux mœurs guerrières de la nation, resta plus longtemps en vigueur. Saint Louis, le premier, par son ordonnance de 1260 et par ses Etablissements en 1270, defendit d'y avoir recours, et y substitua la preuve par témoins. La procédure revêtit alors une forme nouvelle. La preuve fut faite, par voie d'enquête, par des officiers désignés à cet effet, et transmise au juge comme élément du jugement.

Ce progrès dans la forme des preuves fut suivi d'une innovation plus sérieuse. Les juges qui ne pouvaient, dans l'origine, poursuivre l'accusé qu'autant qu'il se présentait un accusateur, furent autorisés à agir d'office, sur simple dénonciation, et à passer outre au jugement, même en l'absence de l'offensé. Bientôt les parties lésées laissèrent aux magistrats l'exercice de l'action publique; les amendes furent abandonnées au fisc, partie pour couvrir les frais des enquêtes, partie pour remu-

(1) Guizot, Hist. de la civilisation, t. 1, 11e leçon.

nérer la protection que l'on recevait du pouvoir. De là l'intervention nécessaire de l'autorité dans la poursuite, et c'est dans ces circonstances que la plupart des auteurs voient l'origine du Ministère public en France. Quelle est la date précise de la naissance de cette institution, si importante dans notre procédure criminelle ? Nul n'a pu la fixer d'une manière absolue ; mais nous en trouvons la première trace dans les ordonnances de Philippe-le-Bel. « Il paraît, dit Meyer (1), que les procureurs du roi, inconnus du temps de S. Louis, existaient sous Philippe-le-Bel (V. ordonn. 23 mars 1302). » Jusque-là, nous trouvons dans les justices seigneuriales une confusion absolue entre le juge et l'accusateur. Sous Philippe-le-Bel, la création de tribunaux permanents et des parlements devait entraîner la séparation de ces pouvoirs. Le roi se fit représenter par un président qui faisait rendre la justice en son nom, et par un procureur chargé d'éclairer et de guider les juges. Un arrêt de 1314 constate près du Parlement l'existence d'un officier du ministère public, et, dans les actes du procès de Robert d'Artois, on lit que ce seigneur fut, en 1329, assigné devant les pairs à la requête du Procureur du roi (2).

Vers la même époque, un changement plus important encore, eut lieu dans la procédure criminelle. L'instruction, complètement abandonnée aux juges, devint secrète. Les empiétements successifs des justices ecclésiastiques amena ce changement. Le clergé revendiquait le jugement de toutes les causes intéressant la foi. Dans leurs luttes contre le schisme et l'hérésie, les tribunaux ecclésiastiques eurent recours aux procédures secrètes et à la torture. Peu à peu, ces formes barbares envahirent les juridictions ordinaires. L'ordonnance de 1498 les régularisa en prescrivant d'intruire les procès de grand criminel le plus secrètement possible, *en manière qu'aucun n'en*

(1) Meyer, Inst. judic., t. 2, p. 572.

(2) Pardessus, Essai hist. sur l'organisation judiciaire, p. 190 et suiv.

fut averti, pour éviter les subornations et forgemens qui se pourraient faire en telles matières.

La célèbre ordonnance de Villers-Cotterets, en 1539, cette œuvre du chancelier Poyet qui souleva de la part des parlements eux-mêmes de si vives protestations, mit le comble aux rigueurs de la procédure criminelle. L'accusé, interrogé secrètement, souvent soumis à la torture, fut obligé de reprocher les témoins dès que leurs noms lui étaient dénoncés. On lui refusa même un défenseur au moment du jugement, sous prétexte qu'on n'a pas besoin de conseil pour avouer ou pour nier un fait.

L'instruction criminelle fut régularisée par l'ordonnance de 1670 qui resta en vigueur jusqu'en 1789, et qui mérite que nous nous y arrêtions avec quelques détails, comme dernier monument historique de notre législation sur cette matière. D'après cette ordonnance, les crimes furent poursuivis, soit sur la dénonciation de ceux qui en avaient connaissance, soit sur la plainte de la partie lésée, soit d'office par le magistrat. En cas de crime emportant peine afflictive ou infamante, l'action publique ne pouvait être arrêtée par le désistement de la partie lésée; mais lorsqu'il s'agissait de délits moins graves, tels que les injures, les voies de fait, la transaction des parties pouvait éteindre la poursuite.

Le premier acte de la procédure était l'information, faite secrètement par un juge qui recevait séparément les dépositions des témoins. L'ordonnance du juge, prescrivant l'information, autorisait ordinairement à publier des *lettres monitoires* qu'on obtenait des juges ecclésiastiques et qui prescrivaient à tout individu ayant des renseignements sur le crime poursuivi, de les faire connaître. Ces révélations étaient faites entre les mains du curé, qui les transmettait closes et cachetées à la juridiction compétente. L'information terminée, était communiquée au Procureur du roi, qui, dans les trois jours, donnait des conclusions tendant, soit à l'élargissement de l'accusé, soit à son renvoi à l'audience, soit à la délivrance d'un décret. Le décret était de trois sortes : 1° *décret pour être ouï*, employé dans les cas les moins graves, qui répondait à ce que nous appelons aujourd'hui mandat de comparution ; 2° *décret d'ajournement personnel*, répondant au mandat d'amener, et qui se transformait, en cas de non comparution, en décret de prise de corps ; 3° *décret de prise de corps*, répondant au mandat d'arrêt, et qui ne pouvait être décerné de suite que lorsque le crime pouvait entraîner une peine afflictive ou infamante. Ces décrets étaient ordinairement décernés par le juge chargé de l'information, et, dans certains cas, par le Lieutenant criminel.

L'accusé devait être interrogé par le juge dans les vingt-quatre heures de son arrestation et devait répondre après avoir prêté serment de dire la vérité et sans l'assistance de conseil. Cet interrogatoire était communiqué au Procureur du roi et à la partie plaignante pour avoir leurs conclusions. La poursuite était alors convertie, suivant la gravité des faits, en procès ordinaire, ou réglée à l'extraordinaire. Il y avait lieu à conversion en procès ordinaire, si les juges pensaient que le fait incriminé ne pouvait entraîner aucune peine corporelle ou infamante. L'accusé était mis en liberté, sous caution de se présenter à l'audience. Dans le cas contraire, il était procédé au jugement à l'extraordinaire. Les juges ordonnaient que l'affaire fut instruite par la voie des récolements et confrontations. Le récolement avait lieu secrètement ; il était donné lecture aux témoins de leurs premières dépositions, et ils étaient interpellés de dire s'ils y persistaient. La confrontation était la représentation à l'accusé des témoins qui avaient déposé contre lui. L'accusé pouvait les récuser et faire valoir ses faits justificatifs ; puis, les témoins déclaraient, sous serment, s'ils persistaient dans leurs dépositions. Après l'accomplissement de ces formalités, les pièces étaient de nouveau communiquées au Procureur du roi, qui donnait par écrit de nouvelles conclusions non motivées, tendant, soit à l'application immédiate de la peine prononcée par la loi, soit à l'absolution de l'accusé, soit à une mesure interlocutoire, comme plus ample informé, sentence de torture, ou preuve des faits justificatifs. Le tribunal compétent était alors saisi de l'affaire. Après un rapport du juge qui avait procédé à l'information, on interrogeait une dernière fois l'accusé pour le mettre à même de produire devant ses juges ses moyens de défenses ; si les faits justificatifs par lui allégués paraissaient assez graves, le tribunal pouvait en ordonner la preuve par témoins. Cette preuve était reçue par un des juges en dehors de l'audience, et la procédure communiquée de nouveau au procureur du roi pour avoir ses conclusions. Le tribunal pouvait aussi ordonner la *question préparatoire* qui était appliquée pour obtenir de l'accusé l'aveu de sa culpabilité. Elle ne pouvait avoir lieu que lorsqu'il s'agissait d'un crime emportant peine de mort, et lorsqu'il existait de graves présomptions contre le prévenu. Tout le monde connaît les affreuses tortures auxquelles était alors soumis l'accusé, en présence d'un juge et du greffier qui prenait note de ses déclarations. Si la question préparatoire avait été ordonnée *sans réserve de preuves*, l'accusé qui l'avait subi sans faire aucun aveu, était réputé innocent et devait être acquitté ; mais si elle était ordonnée *avec réserve de preuves*, son silence n'empêchait pas qu'il pût être condamné; seulement la peine de mort ne pouvait lui être infligée. Le jugement définitif pouvait aussi ordonner la *question préalable* qui était appliquée au condamné pour le forcer à dénoncer ses complices, sans que son aveu ou son silence puissent avoir aucune influence sur l'exécution de la peine prononcée contre lui.

Après le dernier acte de procédure et la question préparatoire, si elle avait été ordonnée, l'affaire revenait devant le tribunal réuni, en la chambre du conseil, pour prononcer la sentence définitive. Le rapport était fait par l'un des juges; on procédait à l'examen des pièces et à la lecture du dernier interrogatoire. Les juges devaient statuer, non d'après l'impression faite dans leur conscience par les circonstances du procès, mais d'après le caractère attaché par la loi à la preuve ou aux présomptions qui étaient établies. *Nec enim*, dit un commentateur, *a judice exigitur ut suam sententiam dicat, verum ut sententiam legislatoris applicet facto.* En cas de partage, l'avis le plus favorable à l'accusé devait prévaloir ; mais s'il n'y avait pas assez de preuves pour le condamner ou pour l'absoudre, les juges pouvaient le retenir en prison.

La question préparatoire et la question préalable, vivement attaquées au 18e siècle par Beccaria, Voltaire et autres philosophes, furent abolies par les déclarations des 24 août 1780 et 1er mai 1788. Mais les autres prescriptions de l'ordonnance de 1670, si vicieuse en certains points et si contraire aux garanties dues à l'accusé, continuèrent d'être appliquées jusqu'à la réforme proclamée par l'Assemblée constituante (1).

Le décret des 4 et 11 août 1789 avait prononcé l'abolition des justices Seigneuriales. Des réformes radicales devaient être introduites dans la législation. On comprenait que ces réformes demandaient une étude sérieuse et approfondie ; mais depuis longtemps de vives réclamations s'élevaient contre l'absence de garanties données à l'accusé par l'ordonnance de 1670. Le décret des 8 octobre et 3 novembre 1789 chercha à introduire les améliorations les plus urgentes, en maintenant provisoirement l'ensemble de la loi. Les considérants de ce décret indiquent qu'il ne s'agit que d'une mesure provisoire : « L'Assemblée nationale, considérant qu'un des principaux « droits de l'homme qu'elle a reconnus, est celui de jouir, « lorsqu'il est soumis à l'épreuve d'une poursuite judiciaire, de « toute l'étendue de liberté et sûreté pour sa défense, qui « peut se concilier avec l'intérêt de la société qui commande « la punition des délits ; que l'esprit et les formes de la procé-

(1) Il serait intéressant, pour compléter cet aperçu historique de la législation criminelle antérieure à 1789, d'exposer les formes de procédure suivies devant les divers tribunaux qui existaient alors en France, et d'établir la distinction des tribunaux de haute et basse justice, baillages, sénéchaussées, parlements, etc. ; mais cet examen nous entraînerait hors des limites de cette étude.

« dure pratiquée jusqu'à présent, en matière criminelle, s'éloi-
« gnent tellement de ce premier principe de l'équité naturelle,
« qu'ils nécessitent une réforme entière de l'ordre judiciaire
« pour la recherche et le jugement des crimes; que si l'exécu-
« tion de cette réforme exige les lenteurs et la maturité des
« plus profondes méditations, il est cependant possible de faire
« jouir, dès à présent, la nation de l'avantage de plusieurs
« dispositions qui, sans subvertir l'ordre de procéder, actuel-
« lement suivi, rassureront l'innocence et faciliteront la justi-
» fication des accusés...... » Pour arriver à ce but, le décret ordonna que l'information, tout en restant secrète, serait faite en présence de personnes notables adjointes au juge pour l'instruction. Les décrets d'ajournement personnel et de prise de corps ne purent plus être décernés que par le tribunal composé de trois juges. L'accusé put, en tout état de cause, se faire assister d'un conseil; enfin, le jugement définitif dut être rendu en audience publique.

La Constitution du 8 septembre 1791 posa des principes plus larges en matière de procédure criminelle. Elle décréta l'établissement des jurés, tant pour statuer sur la mise en accusa-sation, que pour constater les faits devant entraîner une condamnation; les juges ne furent plus chargés que de l'application de la loi. Elle ordonna la publicité de l'instruction, régla les formalités à suivre lors d'une arrestation, prescrivit l'interrogatoire de tout prévenu dans les vingt-quatre heures de son arrestation, enfin fixa les fonctions des commissaires du roi, qui ne furent plus considérés comme accusateurs publics, mais chargés seulement de surveiller et requérir l'application de la loi, soit pendant l'instruction, soit pour le jugement définitif.

De nombreuses et importantes modifications étaient introduites à la même époque dans notre organisation judiciaire. La suppression des cours seigneuriales, des baillages, des sénéchaussées et de tous les tribunaux exceptionnels, était suivie de l'établissement des tribunaux de simple police, des tribunaux correctionnels (Lois des 19 et 22 juillet 1791) et des tribunaux criminels (Lois des 16 et 29 septembre 1791). La loi du 22 juillet 1791 donnait des pouvoirs fort étendus aux juges de paix dont la juridiction venait d'être créée par la loi du 24 août 1790. Elle déclarait le juge de paix compétent pour prononcer sur la liberté des personnes arrêtées, ordonner le renvoi devant les tribunaux de police municipale, décerner les mandats d'amener et même les mandats d'arrêt, tant en matière correctionnelle qu'en matière criminelle. Les tribunaux de police, composés du juge de paix seul, durent juger les contraventions, sur simple citation donnée au prévenu, à l'audience publique. Les tribunaux correctionnels furent chargés de la répression des délits. La poursuite devant ces tribunaux avait lieu soit à la requête de la partie lésée, soit à celle du Procureur de la commune. Sur la plainte de la partie lésée, ou sur la dénonciation du Procureur de la commune, le juge de paix délivrait un mandat d'amener. Après avoir entendu les témoins et interrogé l'inculpé, il ordonnait son arrestation ou sa mise en liberté sous caution. Le tribunal se composait de trois juges de paix, dans les villes où il existait un nombre de ces magistrats suffisant, sinon du juge de paix et de deux assesseurs. L'instruction se faisait à l'audience publique, en présence des accusés, et le jugement était prononcé sur les conclusions écrites des parties. L'appel des jugements rendus par les tribunaux correctionnels était porté devant le tribunal du district.

La procédure était plus compliquée devant les tribunaux criminels. La plainte relative à un crime était portée devant un officier de police de sûreté, qui avait le droit de décerner un mandat d'amener, ou même un mandat d'arrêt dans le cas où le crime pouvait entraîner une peine infamante. Ces mandats devaient être transmis dans les vingt-quatre heures à un juge désigné dans chaque tribunal, sous le nom de *directeur du jury* et chargé spécialement des procédures criminelles. Le directeur du jury examinait les pièces, procès-verbaux et dénonciations, et pouvait entendre l'accusé. S'il pensait que le fait incriminé ne devait pas entraîner une peine afflictive ou infamante, et qu'il n'y avait pas lieu de le soumettre au jury d'accusation, il assemblait dans les vingt-quatre heures le tribunal, qui statuait sur ce point après avoir entendu le Commissaire du roi. Dans le cas contraire, ou si le tribunal décidait contrairement à son opinion, il dressait l'acte d'accusation. La partie plaignante avait aussi le droit, dans le cas où le directeur du jury refusait de le faire, ou n'était pas d'accord avec elle sur le caractère des faits, de dresser elle-même un acte d'accusation. Le jury était ensuite convoqué. Le directeur du jury exposait l'objet de l'accusation et remettait aux jurés les pièces de la procédure, sauf les déclarations écrites des témoins. Ceux-ci étaient entendus ainsi que la partie plaignante; puis le directeur du jury se retirait, et les jurés déclaraient à la majorité s'il y avait lieu ou non à accusation. Dans le cas de la négative, l'accusé était remis de suite en liberté. Si, au contraire, la déclaration du jury était affirmative, le directeur du jury rendait contre lui une ordonnance de prise de corps et renvoyait l'accusé devant le tribunal criminel du département.

Le tribunal du département se composait d'un président et de trois juges pris chacun, tous les trois mois et à tour de rôle dans les tribunaux de district, d'un accusateur public et d'un commissaire du roi. L'accusé contre lequel le jury avait déclaré qu'il y avait lieu à accusation, était immédiatement interrogé par le président. Il comparaissait ensuite devant le tribunal, en présence de l'accusateur public, du commissaire du roi et de douze jurés. Les dépositions des témoins étaient reçues publiquement; l'accusateur public entendu, l'accusé ou son conseil pouvaient lui répondre. Le président résumait l'affaire et les jurés se retiraient en leur chambre pour délibérer. Après cette délibération, le président du tribunal ou l'un des juges et le commissaire du roi se rendaient en la chambre du Conseil, où chaque juré appelé successivement venait faire connaître sa décision, en l'absence des autres jurés. Puis tous rentraient dans la salle d'audience pour prononcer le verdict. Il fallait dix suffrages pour entraîner condamnation. Si l'accusé était reconnu innocent, le président du tribunal ordonnait sa mise en liberté immédiate. Si, au contraire, il était reconnu coupable, il était ramené à l'audience publique; le président lui donnait connaissance de la déclaration du jury, et le commissaire du roi requérait l'application de la peine prononcée par la loi. L'accusé ou ses conseils pouvaient présenter leurs observations, et le tribunal prononçait ensuite la condamnation. L'avis de chacun des juges sur l'application de la peine était donné à haute voix, en commençant par le plus jeune, en présence du public. En cas de partage, l'avis le plus favorable à l'accusé devait prévaloir. L'accusé avait trois jours pour se pourvoir en cassation (1).

Nous avons cru utile d'exposer avec quelques détails la procédure criminelle, réglementée par la loi de 1791, parce que beaucoup de ses dispositions ont servi de base au Code d'instruction criminelle qui nous régit. Cette loi reçut cependant bientôt de nombreuses modifications. Un décret des 20 et 22 octobre 1792 supprima les commissaires du roi, nommés alors commissaires nationaux, et réunit leurs fonctions à celles de l'accusateur public. La Constitution du 5 fructidor an III, maintint dans ses principes le système d'instruction criminelle, de la loi de 1791, et le Code du 3 brumaire an IV, n'en modifia lui-même que les dispositions secondaires. Il introduisit dans la procédure des formalités minutieuses, prescrites la plupart à peine de nullité, qui rendirent fort difficile l'application de ce Code, dont Merlin, le principal auteur, fut obligé, dit-on, de reconnaître lui-même les défectuosités. Nous ne pouvons parler ici des nombreux décrets qui réglementèrent la poursuite de tel ou tel délit, de tel ou tel crime. La seule de ces lois spéciales, qui nécessite au point de vue historique une

(1) V. Décret du 21 septembre 1791, en forme d'instruction qui explique et développe le système de procédure criminelle établi par la loi du 16 sept. 1791. Dalloz, rep.; v. Inst. crim., t. 28, p. 32.

mention particulière, est celle du 7 pluviôse an IX (27 janvier 1801), qui posa quelques règles nouvelles, concernant l'instruction préparatoire et la mise en accusation, et institua, dans chaque arrondissement, des *magistrats de sûreté*, auxquels fut confiée la direction de la police judiciaire. Aux termes de la loi de 1791, les commissaires du roi et les accusateurs publics, dont les fonctions avaient été réunies en 1792, n'existaient que près du tribunal criminel du département. Dans les arrondissements, les juges de paix étaient restés seuls chargés de recevoir les plaintes, dénonciations et procès-verbaux, et de rechercher et poursuivre les crimes et délits. La loi du 7 pluviôse an IX établit près le tribunal civil de chaque arrondissement un magistrat, portant le titre de substitut du commissaire du gouvernement près le tribunal criminel, qui fut chargé de toute la procédure préparatoire, de procéder à l'information, et de dresser l'acte d'accusation avant de remettre les pièces au directeur du jury. Ces magistrats furent nommés par le premier consul, et révocables. Leurs fonctions étaient entièrement distinctes de celles du commissaire du gouvernement près le tribunal civil de l'arrondissement. Celui-ci pouvait seulement les suppléer en cas d'absence.

Telles sont les principales phases de notre législation jusqu'à la promulgation du Code d'instruction criminelle. Terminons cet aperçu historique en exposant les difficultés et les retards qu'eut à subir la rédaction de ce Code avant sa promulgation. Un arrêté du 7 germinal an IX (28 mars 1801) avait nommé une commission chargée de la rédaction d'un Code criminel. Un projet de Code unique fut préparé sous le nom de *Code criminel, correctionnel et de police*. Il se composait de deux parties, l'une intitulée *délits et peines*, divisée en quatre livres : 1° Des peines criminelles et correctionnelles; 2° des personnes punissables et responsables ; 3° des crimes, des délits et de leurs punitions ; 4° des contraventions de police et des peines. La seconde partie comprenait deux livres, l'un relatif à la police, le second à la justice. Ce projet supprimait les cours et tribunaux criminels sédentaires, qu'il remplaçait par un magistrat nommé *préteur*, chargé d'exercer seul ses fonctions et de tenir les assises où besoin serait. Ce travail fut envoyé à la section de législation du Conseil d'Etat, qui le 2 prairial an XII (22 mai 1804) en commença la discussion. L'Empereur souleva dès les premières séances la question de savoir si, dans l'intérêt de la justice, il ne convenait pas de supprimer les tribunaux criminels et d'en confier les attributions aux tribunaux civils et aux cours d'appel. Le Conseil d'Etat, dans le but de maintenir l'institution du jury, décida que la justice civile et la justice criminelle continueraient d'être administrées par des tribunaux différents. Après vingt-cinq séances, la discussion fut interrompue, et elle ne fut reprise que quatre ans plus tard, au mois de janvier 1808. Le projet primitif fut alors séparé en deux codes, l'un contenant les dispositions pénales, l'autre les formes de procédure criminelle (1).

Dès le commencement de la discussion du Code de procédure ou d'instruction criminelle, le seul dont nous ayons à nous occuper ici, l'Empereur posa la question du maintien ou de la suppression du jury. Sa conservation pour le jugement définitif, fut votée dans la séance du 6 février 1808, où fut également décidée l'attribution de la justice criminelle aux tribunaux chargés de la justice civile. Le projet fut soumis au Corps législatif et adopté le 16 décembre 1808; mais il ne put être mis immédiatement en vigueur. On devait attendre la promulgation du Code pénal. De plus, la réunion de la justice criminelle et de la justice civile entre les mains des même tribunaux nécessitait une complète réforme de l'organisation judiciaire. Cette réforme fut réglementée par la loi du 20 avril 1810, et le Code d'instruction criminelle fut mis en vigueur le 1er janvier 1811. La loi du 20 avril 1810 supprimait les fonctions de directeur du jury devenues inutiles par la suppression même du jury

(1) Locré, t. 1, p. 225.

d'accusation, et les substituts au criminel ou magistrats de sûreté, dont les fonctions furent réunies à celles des Procureurs impériaux.

Le Code d'instruction criminelle a subi depuis sa promulgation diverses modifications. Il est inutile de les rappeler ici ; nous les indiquerons suffisamment dans l'exposé de la procédure criminelle qui nous régit actuellement.

CHAPITRE II.

DE LA JUSTICE CRIMINELLE EN FRANCE.

L'instruction criminelle en France est aujourd'hui réglementée par le Code de 1808, révisé par la loi du 28 avril 1832, et par diverses lois particulières. Nous n'avons point l'intention de présenter un commentaire ni même une analyse complète de cette législation; notre but est seulement de rappeler les principes qui régissent la procédure criminelle, d'en indiquer la marche, en signalant d'une part les garanties données à la société pour la répression des crimes et délits, de l'autre celles données à l'accusé pour se défendre de l'inculpation dirigée contre lui. Nous ne parlerons donc que de la procédure ordinaire, sans nous occuper des formes particulières établies pour certains crimes ou à l'égard de certaines personnes dans les cas déterminés par la loi.

Les principes fondamentaux de l'instruction criminelle sont : 1° l'action publique réservée aux magistrats chargés de représenter la société et de la défendre; 2° la séparation absolue des pouvoirs du magistrat chargé des poursuites, et du magistrat instructeur ; 3° la séparation de l'instruction préparatoire, et de celle destinée à former la conviction du tribunal chargé de la répression; 4° la publicité des débats; 5° le devoir pour le juge de ne former sa conviction que d'après les dépositions à l'audience, et de ne suivre que les inspirations de sa conscience. Nous trouverons l'application de ces principes dans les procédures suivies devant les différents tribunaux de police, correctionnels ou criminels. Avant d'exposer ces procédures, examinons les pouvoirs conférés par la loi aux magistrats chargés de la poursuite et à ceux chargés de l'instruction préparatoire, et rappelons les devoirs qu'ils ont à remplir pour l'exercice de leurs attributions.

---

§ 1er.

Des Magistrats chargés de la procédure et de l'instruction préparatoire.

I. Du Ministère public. — L'action publique, avons-nous dit, appartient exclusivement à des magistrats chargés de surveiller, de requérir et d'assurer au nom du Chef du gouvernement l'exécution des lois, et de poursuivre la répression de tout ce qui porte atteinte à l'ordre public. Ces fonctions, réunies sous le nom générique de *ministère public*, sont confiées à un magistrat attaché à chacune des Cours impériales, ayant le titre de Procureur général, et chargé de les exercer dans le ressort de la Cour, sous la haute surveillance du Ministre de la justice. Le Procureur général est représenté dans chaque arrondissement par un Procureur impérial, qui est lui-même chargé de remplir dans son arrondissement toutes les fonctions du ministère public, sous la direction et la surveillance du Procureur général. Tous les fonctionnaires exerçant les fonctions du ministère public sont nommés par l'Empereur et révocables. Ils sont remplacés, en cas d'absence ou d'empêchement, par un ou plusieurs substituts, nommés également par l'Empereur, et attachés à chaque Cour et à chaque tribunal d'arrondissement avec les mêmes pouvoirs que le magistrat qu'ils remplacent.

La base de l'institution du ministère public est l'unité, en ce sens que tous les magistrats qui le composent, bien que n'exerçant pas leurs fonctions dans la même mesure, obéissent à une même direction. A la tête est le Ministre de la justice, qui donne l'impulsion à tous les magistrats du ministère public, à qui arrivent, de tous les points de l'Empire, les rapports locaux sur l'administration de la justice. Après lui vient, dans l'ordre hiérarchique, le Procureur général à la Cour de cassation, auquel un sénatus-consulte du 16 thermidor an X, attribue un droit de surveillance sur les Procureurs généraux, mais qui n'a cependant aucune direction à leur donner, et dont les fonctions sont d'une nature spéciale. Dans le ressort de chaque Cour, le Procureur général remplit toutes les fonctions du ministère public. Les Procureurs impériaux d'arrondissement, les officiers auxiliaires, maires, adjoints, commissaires de police et autres, ne sont que ses substituts. Les Procureurs impériaux ont cependant une action directe qui leur est déléguée par la loi et qui leur appartient personnellement; mais ils reçoivent la direction du Procureur général, sont tenus de lui faire connaître, à des époques périodiques, la suite qu'ils ont donné à chaque affaire, le résultat de ces affaires. C'est dans ce but que sont prescrites, les notices envoyées chaque semaine au Procureur général, de toutes les affaires criminelles ou correctionnelles survenues dans l'arrondissement, l'envoi dans la quinzaine des jugements correctionnels, d'un extrait de ces jugements, les certificats mensuels constatant l'accomplissement des fonctions qui leur sont confiées, etc. Les Procureurs impériaux doivent également signaler de suite au Procureur général les affaires criminelles les plus importantes qui se présentent dans leur arrondissement, prendre son avis en cas de difficultés sur la solution à donner aux affaires, lui soumettre les jugements correctionnels susceptibles d'appel, lorsqu'ils ne croient pas devoir interjeter directement cet appel, et le Procureur général peut lui-même frapper d'appel un jugement correctionnel rendu par un tribunal d'arrondissement, malgré le silence gardé à cet égard par le Procureur impérial. Mais la déférence due par les officiers du ministère public aux ordres de leur chef, est limitée aux actes de procédure et d'instruction. Dans leurs réquisitions et conclusions, ils ne doivent obéir qu'à leur conscience et à leur conviction personnelle. Ils sont alors l'organe de la loi, et s'ils sont quelquefois tenus d'exercer des poursuites, en vertu d'un ordre du Procureur général, ils peuvent à l'audience conclure à l'acquittement ou abandonner l'accusation, sauf au tribunal saisi des poursuites à statuer sur ces conclusions.

Le ministère public est également indivisible, non pas en ce sens que tous ses membres aient les mêmes attributions ou soient solidaires les uns des autres, mais en ce sens que chaque magistrat du ministère public, dans l'exercice de ses fonctions, représente l'institution elle-même. Ainsi, deux membres du Parquet peuvent successivement occuper le siége dans une même affaire. Les réquisitions prises, soit à l'audience, soit au Parquet, par l'un des substituts, sont prises au nom du Procureur impérial, et ont autant d'autorité que si elles étaient prises par le Procureur impérial lui-même.

La principale fonction du ministère public, en matière de procédure criminelle, est l'exercice de l'action publique. Chargé spécialement de la poursuite des crimes, délits ou contraventions, c'est à lui seul qu'appartient la direction de cette action. Mais elle n'est donnée qu'aux Procureurs généraux et Procureurs impériaux; les autres officiers du ministère public n'y participent que sous leurs ordres et en leur nom. Sous l'ancienne législation, l'action publique, pour la poursuite des crimes, appartenait à tous les juges. Tout juge est officier du ministère public, disait un ancien adage. Le Code d'instruction criminelle a supprimé cet adage en séparant avec soin les fonctions du magistrat chargé des poursuites et celles du juge chargé d'appliquer la loi. En général, les tribunaux de répression ne peuvent être saisis que sur la poursuite du ministère public. C'est à lui que sont adressés les plaintes, les dénonciations, les procès-verbaux constatant les crimes ou délits, et toute autorité constituée, tous les fonctionnaires ou officiers publics doivent lui donner avis des circonstances pouvant mettre sur la trace d'un fait de nature à exiger une répression.

Le Procureur impérial saisi d'une plainte, d'une dénonciation ou d'un procès-verbal, n'est pas obligé de poursuivre. Il doit apprécier les faits qui lui sont signalés ; il a droit de n'y donner aucune suite, si ces faits ne lui paraissent pas constituer un délit prévu par la loi ni mériter une répression. Il doit même s'abstenir de poursuivre d'office les délits de chasse ou de pêche sur la propriété d'autrui, les faits de maraudage ou les délits ruraux de peu d'importance qui n'intéressent que les particuliers, et laisser aux parties lésées le soin de réclamer, si elles le jugent convenable, la réparation du dommage qui leur a été causé (Circ. minist. 8 mars 1817. Décis. minist. 8 février 1826). Cet arbitraire, laissé au magistrat chargé de l'exercice de l'action publique, ne peut avoir aucun inconvénient sérieux. D'une part, le caractère honorable des hommes chargés de ces fonctions, repousse tout soupçon de partialité. D'autre part, le compte qu'ils doivent rendre chaque semaine au Procureur général, de la décision prise dans chaque affaire, écarte tous les abus que l'on pourrait craindre. La partie lésée qui a porté plainte peut, d'ailleurs, signaler les faits sur lesquels le Procureur impérial refuserait de suivre, au Procureur général qui ne manque jamais, dans ce cas, de demander compte de la décision du magistrat de première instance. Elle peut aussi saisir directement le tribunal correctionnel d'une demande en réparation du dommage dont elle se plaint, et le tribunal, ainsi saisi, doit statuer, non seulement sur cette demande, mais sur la répression du fait qui lui est signalé ; la partie civile ne peut provoquer l'application de la peine ; mais le tribunal statue sur ce point, sur les conclusions du ministère public, en conservant la plénitude de son droit d'appréciation, comme s'il avait été saisi directement par le Procureur impérial.

Le ministère public ne peut, ni expressément ni tacitement, se désister de l'action publique régulièrement introduite. Son désistement ou l'abandon de l'accusation n'empêcherait pas le tribunal de statuer; il faut qu'il y ait jugement, et ce jugement peut porter condamnation, bien que l'accusation ait été abandonnée.

Il existe quelques exceptions au principe que nous avons posé et qui confie au ministère public seul l'exercice de l'action publique, sans que le désistement de la partie plaignante puisse arrêter les poursuites. Nous avons déjà dit que la partie lésée, en demandant la réparation du dommage dont elle se plaint, saisit indirectement les tribunaux correctionnels du jugement des délits ayant causé ce dommage. De plus, l'art. 235, C. Inst. crim., donne aux Cours impériales le droit d'ordonner d'office des poursuites criminelles ou d'évoquer les poursuites commencées. En pratique, ce droit n'est exercé que par la chambre des mises en accusation, ou par la Cour, siégeant, toutes chambres réunies en assemblée générale. Enfin, par une dérogation formelle au droit commun, des lois spéciales ont accordé à l'administration des contributions indirectes, des douanes et des forêts, le droit de poursuivre directement les contraventions commises à leur préjudice, et d'arrêter les poursuites commencées, par une transaction. Mais le Procureur impérial n'en conserve pas moins le droit de poursuivre d'office ces contraventions (Inst. du grand juge, ministre de la justice, 16 août 1811).

Le ministère public n'a pas, en principe, le droit d'arrestation. Il ne peut que requérir le juge d'instruction de décerner contre les accusés un mandat d'amener ou un mandat d'arrêt. Cependant, en cas de flagrant délit, de transport sur les lieux, ou lorsqu'un prévenu est conduit devant lui, si le fait incriminé peut entraîner une peine afflictive ou infamante, ou même un emprisonnement correctionnel, et s'il y a des indices graves de culpabilité, il peut ordonner que le prévenu arrêté sera maintenu sous la main de justice, en état de mandat d'amener. La plus grande réserve lui est recommandée dans l'exercice de ce droit, et il doit immédiatement prévenir le juge d'instruction et requérir un mandat de dépôt régulier

(Décis. du grand juge, 29 fév. 1812; Circul. Rennes, 20 juillet 1816).

Nous indiquerons plus loin les formes de procédure à suivre pour l'exercice de l'action publique. Examinons d'abord les fonctions du magistrat chargé de l'instruction préparatoire.

II. Du Juge d'instruction. — Les fonctions du juge d'instruction sont, sans contredit, en matière criminelle, les plus importantes après celles du ministère public. Sous la loi de 1791 et sous le Code de brumaire an IV, les premières informations, les premiers actes d'instruction, étaient confiés au juge de paix qui était aussi chargé de décerner des mandats d'amener, de dépôt, et même, dans certains cas, des mandats d'arrêt. Les pièces étaient ensuite remises au directeur du jury, chargé d'examiner la procédure, de s'assurer de l'observation des formes prescrites par la loi, d'interroger le prévenu, de déterminer la compétence, et de dresser l'acte d'accusation qui devait être soumis au jury. La loi du 7 pluviôse an IX, qui avait créé dans chaque arrondissement des substituts, dits magistrats de sûreté, avait aussi étendu les attributions du directeur du jury. Lorsqu'il était saisi d'une procédure par le mandat de dépôt décerné par le magistrat de sûreté, il devait instruire aussitôt l'affaire, entendre les témoins, même ceux qui avaient déjà déposé, interroger le prévenu, lui donner lecture des dépositions des témoins. Il communiquait ensuite les pièces au substitut, magistrat de sûreté, et, après avoir reçu ses conclusions écrites, il déterminait la compétence et renvoyait le prévenu, soit devant le tribunal de police, soit devant le tribunal correctionnel, soit devant le jury d'accusation.

Le Code d'instruction criminelle, en supprimant le directeur du jury, a transmis au juge d'instruction la plupart des fonctions qui lui étaient confiées. Il a de plus simplifié l'instruction préparatoire en retirant aux juges de paix l'information préliminaire, la plupart du temps sans objet, et le droit de décerner les mandats judiciaires. Les juges de paix ne sont plus regardés que comme auxiliaires du Procureur impérial, et ce n'est qu'à ce titre qu'ils peuvent encore recueillir les premiers renseignements sur les crimes et délits qui leur sont signalés, et, en cas de flagrant délit, décerner un mandat d'amener provisoire, comme pourrait le faire le Procureur impérial lui-même. Toutes les fonctions relatives à l'instruction préparatoire et le droit de décerner les mandats judiciaires contre les prévenus, se trouvent ainsi réunis entre les mains du juge d'instruction de chaque arrondissement.

D'autres modifications utiles à signaler, furent encore introduites par le Code de 1808. Sous l'ancienne législation, le directeur du jury était choisi, à tour de rôle, parmi les juges du tribunal civil. Ses fonctions ne duraient que trois mois. Ce système avait de grands inconvénients. Les procédures devaient souvent être recommencées, par suite de l'expiration des pouvoirs du directeur du jury. De plus, les fonctions de juge instructeur exigent une capacité et des qualités spéciales qui peuvent ne pas se rencontrer chez tous les magistrats. Aujourd'hui le juge d'instruction est nommé par le chef du Gouvernement, parmi les juges du tribunal civil, pour trois années. Leurs fonctions peuvent être renouvelées, et il est passé en usage qu'elles continuent après l'expiration des trois ans, sans avoir besoin de renouvellement. Elles sont seulement révocables, et peuvent être confiées par l'Empereur à un autre membre du tribunal de l'arrondissement. Les juges suppléants peuvent eux-mêmes être chargés de l'instruction par une nomination spéciale (Décret 1er mars 1852; L. 25 juillet 1856). Les juges chargés de l'instruction continuent de faire partie du tribunal; ils siégent dans les affaires civiles et même dans les affaires correctionnelles qu'ils ont instruites. Mais ils ne peuvent faire partie de la Cour d'assises, dans les affaires dont l'instruction leur a été confiée (1).

(1) Lors de la discussion de la loi du 17 juillet 1856, il fut proposé de défendre aux juges d'instruction de siéger dans les tribunaux correctionnels pour le jugement des affaires intruites par leurs soins. L'amendement propo-

Le juge d'instruction est ordinairement saisi de l'affaire par le ministère public et ne peut agir que sur sa réquisition. Cependant, en cas de flagrant délit, il peut faire directement tous les actes et constatations nécessaires, saisie des pièces à conviction, transport sur les lieux, actes de perquisition au domicile du prévenu, etc. Il doit, dans le cas de transport sur les lieux, prévenir le ministère public et requérir son assistance, mais sans aucun retard des opérations nécessaires. Si le flagrant délit a déjà été constaté, il peut refaire tous les actes qui lui paraissent irréguliers et incomplets. Lorsqu'il se transporte sur les lieux accompagné du ministère public, comme c'est le cas le plus fréquent, chacun se renferme dans ses attributions : l'un instruit, l'autre requiert. Hors le cas de flagrant délit, le juge d'instruction doit communiquer au Procureur impérial les plaintes et les dénonciations qui lui seraient adressées directement, et ne peut agir que sur ses réquisitions.

Nous avons dit que le juge d'instruction est aujourd'hui seul chargé de décerner les mandats judiciaires. Le Procureur impérial et le juge de paix n'ont droit de décerner un mandat d'amener qu'exceptionnellement et en cas de flagrant délit, et les présidents d'assises, dans les cas spécialement prévus par la loi (Code Instruct. crim., articles 40, 100, 235, 490, 498). Il y a quatre sortes de mandats judiciaires : 1° le mandat de comparution; 2° le mandat d'amener; 3° le mandat de dépôt; 4° le mandat d'arrêt. Ces mandats sont exécutoires dans toute la France, tant qu'ils n'ont pas été révoqués. Ils sont notifiés à la requête du Procureur impérial : ils ne peuvent être appliqués aux cas de simples contraventions.

Le mandat de comparution doit être décerné contre les indi-

sé en ce sens, fut adopté par la commission du Corps législatif, mais repoussé par le Conseil d'Etat. Cette modification désirable, paraît avoir échouée devant la nécessité où l'on se serait trouvé d'augmenter le personnel des tribunaux composés seulement de trois juges, dans lesquels est compris le juge d'instruction.

vidus ayant un domicile certain, et prévenus d'un fait ne pouvant entraîner qu'une peine correctionnelle. Il est cependant loisible, dans ce cas, au juge d'instruction, de décerner un mandat d'amener; mais il lui est recommandé de n'user de ce droit qu'avec modération contre les individus présentant quelques garanties personnelles (Circ. min., 10 fév. 1819). Le mandat de comparution n'est qu'une assignation qui ne donne lieu à aucune mesure coërcitive. Si l'individu, ainsi appelé, fait défaut, le juge d'instruction le constate et délivre contre lui un mandat d'amener. Le prévenu qui comparaît sur mandat de comparution doit être immédiatement interrogé. Si, à la suite de cet interrogatoire, les circonstances et les indices de culpabilité paraissent assez graves, le juge peut décerner contre lui un mandat de dépôt, en vertu duquel il est conduit et retenu en la maison d'arrêt.

Le mandat d'amener doit être décerné contre toute personne, de quelque qualité qu'elle soit, qui est inculpée d'un fait de nature à emporter peine afflictive ou infamante (1). Il faut, en outre, que l'inculpation soit appuyée de graves indices et de présomptions sérieuses de culpabilité (Circ. min., 10 fev. 1819). Ce mandat permet de contraindre, même par la force publique, l'inculpé à comparaître devant le juge instructeur. L'individu contre lequel il est délivré n'est pas incarcéré : il doit être seulement déposé dans une chambre de sûreté jusqu'au moment de son interrogatoire. Le juge d'instruction est tenu de l'interroger dans les vingt-quatre heures, du moment où il est amené au lieu où siége le tribunal. Lorsque l'interrogatoire ne détruit pas les charges qui s'élèvent contre le prévenu, le

(1) Malgré la généralité des termes de l'art. 91, C. Inst. cr., certains fonctionnaires, à raison de leur qualité, ne peuvent être poursuivis ni arrêtés sans une autorisation préalable. Ainsi les ministres, les membres du Sénat, du Corps législatif et du Conseil d'Etat, et, à un autre point de vue, les agents du Gouvernement ne peuvent être poursuivis sans une autorisation du Conseil d'Etat. Ces garanties cessent cependant, en général, en cas de flagrant délit.

juge convertit le mandat d'amener en mandat de dépôt, en vertu duquel le prévenu est régulièrement incarcéré. D'après les termes de la loi, il y aurait même lieu de décerner dans ce cas un mandat d'arrêt. Mais, dans l'usage, le mandat de dépôt a prévalu, et il semble, en effet, plus d'accord avec la raison, puisqu'il s'agit seulement de maintenir sous la main de justice un individu déjà arrêté. Le mandat de dépôt doit être décerné contre tout individu n'ayant pas de domicile, prévenu d'un délit pouvant entraîner emprisonnement correctionnel (Circ. min., 3 avril 1822). Il ne peut avoir lieu qu'après l'interrogatoire.

Le mandat d'amener et le mandat de dépôt peuvent être décernés sans conclusions du ministère public (L. 17 juillet 1856). Le juge d'instruction a le droit de le refuser malgré les réquisitions du Procureur impérial. Mais dans ce cas, il devrait, à notre avis, communiquer les pièces et interrogatoires au ministère public, et, si celui-ci persiste dans ses conclusions, formuler son refus dans une ordonnance écrite; et le Procureur impérial pourrait se pourvoir contre cette ordonnance devant la chambre des mises en accusation. Cette opinion est fort discutée par les auteurs ; plusieurs refusent au ministère public le droit d'attaquer la décision du juge d'instruction. Nous ne pouvons entrer ici dans une discussion sérieuse de cette question. Mais l'opinion que nous émettons, en restreignant l'arbitraire absolue qui serait accordée au juge d'instruction, nous paraît plus conforme aux principes de la loi, et plus en accord avec les prescriptions de la loi du 17 juillet 1856 (1). Le mandat de dépôt, une fois décerné, ne peut être levé par la seule volonté du juge d'instruction. Sous le Code d'instruction criminelle, le prévenu, sous mandat de dépôt, ne pouvait être mis en

(1) V. dans notre sens, Cass., 7 avril 1837 ; Syr. 37, 1, 384 ; Angers, 25 févr. 1853 ; 27 févr. 1854. Syr. 54, 2, 255 ; Dalloz, rep. V. Just. crim., n° 636 ; Massabiau, Man. du minist. public, 3e éd., t. 2, n° 1767. *Contrà*, Paris, 13 mars 1835 ; Syr. 35, 2, 346 ; Nîmes, 22 juin 1839 ; Syr. 39, 2, 404 ; Duverger, Man. du J. d'inst., n° 434.

liberté sans une ordonnance de non lieu, qui devait alors être rendue par le tribunal en la chambre du conseil. La loi du 4 avril 1855 a mitigé cette rigueur en permettant au juge d'instruction de rendre, au cours de l'instruction, une ordonnance de main-levée du mandat de dépôt, mais seulement sur les conclusions conformes du ministère public. Il peut être regrettable que la loi qui permet au juge de décerner ce mandat sous sa seule responsabilité, et, par suite de son appréciation personnelle, ne lui permette pas d'en donner main-levée, si, mieux éclairé par l'instruction, il juge que la détention préventive est d'une rigueur inutile. Mais il lui sera facile, dans la plupart des cas, d'obtenir, dans ces circonstances, des conclusions du ministère public, qui lui permettront de rendre une ordonnance de main-levée.

Le mandat d'arrêt n'est ordinairement employé que contre les individus prévenus d'un crime emportant peine afflictive ou infamante. Il peut l'être, cependant, lorsque le fait inculpé ne doit entraîner qu'un emprisonnement correctionnel; mais la plus grande réserve est recommandée, à cet égard, aux magistrats (Circ. minist., 10 février 1819), et il n'est généralement décerné, dans ce cas, que contre les individus en fuite. Ce mandat donne le droit d'arrêter et de détenir dans toute la France, l'individu contre lequel il est rendu. Il ne peut être décerné par le juge d'instruction que sur les conclusions et réquisitions du ministère public.

Les attributions du juge d'instruction ont été étendues en plusieurs points importants, par la loi du 17 juillet 1856. Cette loi lui confère le droit, réservé par le Code de 1808 à la chambre du Conseil, d'ordonner en tout état de cause, sur la demande du prévenu et sur les conclusions du ministère public, que le prévenu d'un délit correctionnel sera mis provisoirement en liberté, moyennant caution solvable de se présenter pour les actes de procédure et pour l'exécution du jugement, lorsqu'il en sera requis. Elle lui confère également le droit de rendre les ordonnances de non lieu et les ordonnances de renvoi soit en police correctionnelle, soit devant la chambre des mises en accusation, dans les formes que nous exposerons. Ces pouvoirs sont contrebalancés par le droit réservé au ministère public de former, dans tous les cas, opposition aux ordonnances rendues par le juge d'instruction. Cette opposition est portée immédiatement devant la chambre des mises en accusation de la Cour impériale du ressort.

Les juges d'instruction sont, comme tous les officiers de police judiciaire, placés sous la haute surveillance du Procureur général. S'il se présente des difficultés pour l'instruction des affaires qui leur sont soumises, c'est à lui qu'ils doivent s'adresser pour les résoudre (Décis. minist., 21 juin 1828). Il leur est recommandé de ne jamais ajourner l'interrogatoire des prévenus, les constatations judiciaires ou l'audition des témoins (Circ. minist., 10 fév. 1819; 15 déc. 1827). Ces devoirs leur sont souvent rappelés par les circulaires des Procureurs généraux, et, dans la plupart des Cours impériales, pour faciliter la surveillance à cet égard, le Procureur général a prescrit aux juges d'instruction de lui adresser, le 1er de chaque mois, le relevé des affaires mises à l'instruction dans le courant du mois précédent, et des actes faits pendant ce mois (Circ., Rennes, 22 sept. 1838).

---

§ 2.

De l'instruction préparatoire.

Nous avons dit que l'exercice de l'action publique en France appartenait au ministère public chargé de la poursuite et de la répression de toute infraction à la loi, soit qu'elle constitue un crime, un délit ou une simple contravention. La police judiciaire, chargée de la constatation des crimes et délits, est exercée par les juges de paix, commissaires de police, maires et adjoints, par les gardes champêtres et forestiers, et par les officiers de gendarmerie. Elle peut l'être aussi, dans quelques cas spéciaux, par des agents assermentés, chargés de constater certains délits ou contraventions, et dont les procès-verbaux sont admis en justice. Ces officiers de police judiciaire reçoivent les plaintes et dénonciations des crimes et délits commis dans les lieux où ils exercent leurs fonctions. Ils consignent dans leurs procès-verbaux la nature et les circonstances des actes qui leur sont signalés, le temps où ils ont été commis, les preuves et indices à la charge de ceux qui sont présumés coupables. En cas de flagrant délit ou dans le cas de réquisition d'un chef de maison, ils reçoivent les déclarations des témoins, font même des visites domiciliaires et autres actes de la compétence du Procureur impérial dont ils sont regardés comme auxiliaires. La loi ne leur donne ce droit qu'en cas de flagrant délit; mais, dans la pratique, cette règle n'est pas rigoureusement suivie, et son extension est souvent nécessaire. « Il arrive » tous les jours, dit M. Mangin, que les commissaires de police, » les maires, les juges de paix, constatent par des procès-ver» baux, des faits qui n'ont pas le caractère de crime ou des cri» mes qui ont cessé d'être flagrants parce qu'ils ont été cachés » pendant longtemps. Combien de rixes produisent des résultats » dont la gravité ne s'aperçoit qu'après plusieurs jours. Combien » n'y a-t-il pas de vols non qualifiés dont la trace disparaîtrait, » si on ne les constatait pas à l'instant. Est-il toujours possible » d'attendre que le procureur du roi ait donné une réquisition » au juge d'instruction, que celui-ci y ait déféré, lorsqu'on » est séparé de ces magistrats par de longues distances. Je me » hâte de reconnaître que ces considérations sont insuffisantes » pour autoriser les auxiliaires du procureur du roi à décerner » des mandats d'amener, à procéder, malgré le prévenu, à la » visite de son domicile; mais elle les autorise à procéder pro» visoirement à la reconnaissance des faits, à recevoir les dé» clarations qui sont propres à les fixer (1). »

(1) Mangin, Instr. écrite, n° 237.

Les officiers de police judiciaire adressent immédiatement les dénonciations par eux reçues, les procès-verbaux et autres actes qu'ils ont dressés, au Procureur impérial de l'arrondissement. Dès que ces procès-verbaux et dénonciations lui sont parvenus, le Procureur impérial les examine sans retard. Si les faits qui lui sont signalés ne lui paraissent constituer ni crime ni délit, il peut n'y donner aucune suite. Dans le cas où ces faits constituent une simple contravention, il renvoie les procès-verbaux aux commissaires de police ou aux maires pour en poursuivre la répression devant le tribunal de simple police. Si les faits constituent un délit, il doit, ou requérir immédiatement information, en donnant à cet effet un réquisitoire par écrit au juge d'instruction, ou, si les indices énoncés aux procès-verbaux lui paraissent établir charges suffisantes contre le prévenu, le citer directement et sans instruction préalable devant le tribunal correctionnel. Il est recommandé aux Procureurs impériaux de ne requérir information, en cas de délits, que lorsque les faits peuvent entraîner emprisonnement, ou que les indices contre les prévenus sont complètement insuffisants. Dans ce dernier cas, ils peuvent faire compléter les renseignements en prescrivant une enquête sommaire et sans frais aux juges de paix et aux officiers de gendarmerie, de manière à éviter autant que possible les lenteurs et les frais d'une instruction judiciaire.

Si le délit constaté par le procès-verbal doit entraîner un emprisonnement correctionnel et qu'il y ait des indices graves contre le prévenu, le Procureur impérial, en requérant l'information, peut aussi requérir le juge d'instruction de décerner un mandat d'amener. Mais il doit n'user de ces réquisitions qu'avec prudence lorsque les prévenus ont un domicile, afin d'éviter une détention préventive inutile contre des individus qui ne sont inculpés que d'un délit correctionnel. Le juge d'instruction ayant d'ailleurs toujours le droit de décerner, au cours de l'instruction et sans conclusions du ministère public, un mandat d'amener ou de dépôt contre le prévenu (L. 17 juil. 1856), le Procureur impérial peut, sans danger, ne prendre à cet égard aucune réquisition, et attendre que les indices énoncés aux procès-verbaux aient été vérifiés par l'instruction, de manière à établir des charges graves contre l'inculpé. Mais il doit toujours requérir la délivrance d'un mandat d'amener ou de dépôt contre les individus sans domicile ou dont il y aurait à craindre la disparition.

Dans le cas où les faits signalés constituent un crime, le Procureur impérial doit toujours requérir immédiatement le juge d'instruction de procéder à l'information et de décerner contre le prévenu un mandat d'amener, ou même un mandat d'arrêt, s'il existe contre lui des charges graves. Enfin, le Procureur impérial peut, s'il le juge nécessaire, même en cas de simple délit, requérir le juge d'instruction de se transporter sur les lieux pour y faire les constatations nécessaires. Il doit accompagner le juge d'instruction dans ce transport. Ce dernier est-il tenu de déférer à cette réquisition? L'affirmative est soutenue par plusieurs auteurs, notamment par MM. Legraverend et Carnot. Mais cette opinion nous paraît contraire à l'indépendance du juge instructeur. Il a le droit de repousser les réquisitions du ministère public, si les mesures qu'il requiert ne lui paraissent pas utiles à l'instruction de l'affaire. Il ne faut pas oublier qu'il est juge, et qu'en cette qualité il ne peut être tenu de se conformer à toutes les injonctions qui lui sont faites par le ministère public (1). Au surplus, dans la pratique, il existe un parfait accord entre le Procureur impérial et le juge d'instruction pour arriver à la découverte de la vérité, et les dissentiments sur les mesures à employer à cet effet se présentent fort rarement.

Le juge d'instruction, saisi par les réquisitions du ministère public, doit procéder de suite à l'information. Il ne peut refuser de déférer sur ce point aux réquisitions, sous prétexte que

(1) V. en ce sens, Mangin, Inst. écrite, n° 90; Faustin Helie, Traité de l'Inst. crim., t. 5, p. 491.

les faits ne sont pas punissables ou que l'accusé peut être cité directement devant le tribunal correctionnel. Mais il est le maître absolu de diriger l'instruction suivant ses lumières et sa conscience. C'est un devoir indispensable pour le juge instructeur de recueillir avec le soin le plus scrupuleux tout ce qui peut tendre à la découverte du coupable. Il ne doit rien négliger de ce qui peut amener à ce but. Il est généralement reconnu qu'il doit instruire à décharge aussi bien qu'à charge, puisqu'il a mission de rechercher et constater la vérité. Il ne peut donc refuser d'entendre les témoins qui seraient indiqués par l'inculpé comme pouvant atténuer ou excuser le fait qui lui est reproché, et doit même, d'office, rechercher et constater aussi bien les circonstances atténuant que celles aggravant le crime ou délit. La justice et l'équité lui en font un devoir impérieux.

Les moyens employés par le juge d'instruction pour arriver à la manifestation de la vérité, sont : 1° l'interrogatoire du prévenu; 2° l'audition des témoins; 3° les visites, perquisitions, expertises et autres moyens d'arriver à la découverte du coupable et à la constatation des faits. Nous examinerons successivement la procédure suivie pour l'emploi de ces moyens d'instruction.

I. INTERROGATOIRE DU PRÉVENU. — Lorsqu'un prévenu a été arrêté en cas de flagrant délit, et amené devant le Procureur impérial qui a ordonné son maintien provisoire en état de détention, il doit être interrogé dans les vingt-quatre heures par le juge d'instruction; il en est de même dans le cas où l'inculpé est arrêté sur mandat d'amener. C'est un devoir rigoureux pour le magistrat instructeur de se soumettre à cette prescription. « La loi, dit M. Faustin Hélie, n'a point attribué au juge la » faculté de différer l'interrogatoire lorsqu'il peut y procéder; » il s'agit de décider la mise en liberté ou la détention préven- » tive du prévenu, et rien n'est plus urgent que cette ques- » tion. » Le retard apporté à l'interrogatoire ne serait pas, il est vrai, une cause de nullité; mais il engagerait la responsabilité du juge d'instruction. L'interrogatoire est prescrit, non seulement pour donner au prévenu la possibilité de fournir ses moyens de défense, mais il l'a été aussi contre lui, et pour le bien de la justice (1). Aussi est-il considéré comme une formalité essentielle de la procédure, dont l'omission, dans le cas où l'accusé est détenu, entraînerait la nullité des ordonnances rendues par le juge d'instruction. Dans le cas de mandat de comparution, l'interrogatoire a lieu dès que le prévenu se présente, à l'heure fixée par le mandat. A la suite de l'interrogatoire, le juge ordonne la mise en liberté de l'inculpé, ou convertit le mandat de comparution ou d'amener en mandat de dépôt, sans être tenu de communiquer la procédure ni d'attendre les conclusions du ministère public.

Les formes de l'interrogatoire ne sont pas tracées par le Code d'instruction criminelle. C'est une lacune à laquelle il a été suppléé dans la pratique, en empruntant les règles prescrites par les anciennes ordonnances. Hors les cas de flagrant délit et de transport sur les lieux, l'interrogatoire est subi dans la chambre d'instruction. L'inculpé ne peut y être assisté d'aucun conseil. Les questions du juge doivent être posées loyalement, sans détours ni réticences, de manière à être bien comprises par l'accusé, et sans qu'il puisse être induit en erreur. Nous ne sommes plus au temps où un Conseiller de Présidial imprimait, « que le juge d'instruction peut user d'adresse » et quelquefois même d'une espèce de surprise et de feinte » pour découvrir la vérité et tirer l'aveu du criminel..., pourvu » que l'artifice soit innocent, sans reproche, et exempt de » fraude et de mensonge (2). » Le juge doit même employer, au besoin, le langage trivial du prévenu, et transcrire, autant que possible, dans ses réponses, les expressions même incorrectes dont il se sert, de manière à éviter toute discussion sur le sens de ses réponses. Il doit faire connaître à l'inculpé toutes

(1) Daguesseau, Lett. 13 mai 1730.

(2) Jousse, Comm. de l'ordonn. de 1670, t. 1, p. 277.

les charges qui pèsent contre lui, et recueillir avec soin tous ses moyens justificatifs de défense. Les demandes et réponses sont constatées par écrit par le greffier. Si l'inculpé refuse de répondre à certaines questions, le juge constate ce refus. Dans cet interrogatoire, le juge représente au prévenu les pièces à conviction qui ont été saisies; s'il y a des papiers ou écritures, il les lui fait parapher. Si l'inculpé ne parle pas la langue française, le juge se sert d'un interprète attaché au tribunal ou nommé d'office, qui prête serment de transmettre et traduire fidèlement les paroles. S'il est sourd-muet et qu'il sache écrire, les questions lui sont soumises par écrit et il répond de même ; s'il ne sait pas écrire, le juge a recours à un interprète, en choisissant de préférence la personne qui a le plus d'habitude de converser avec le prévenu. L'interrogatoire terminé, il est donné lecture à l'inculpé du procès-verbal contenant les demandes et réponses, qui est ensuite signé par lui, par le juge et par le greffier sans désemparer.

Il y a souvent lieu de procéder à un second interrogatoire du prévenu, après l'audition des témoins, pour lui faire connaître les charges établies contre lui par l'instruction. Le juge ne doit pas négliger ce soin, pour mettre l'inculpé à même de produire ses moyens de défense contre ces nouvelles charges. Il y est procédé dans les mêmes formes.

Il peut-être quelquefois utile, à la manifestation de la vérité, d'empêcher le détenu de communiquer, soit avec d'autres détenus, soit avec les personnes du dehors. La loi autorise le juge à donner, dans ce cas, un ordre d'interdit de communiquer. Cet ordre peut être donné à toute époque de l'instruction. Il est ordinairement employé après le premier interrogatoire ; mais il est recommandé aux juges d'instruction de n'user de cette mesure, regardée comme contraire aux lois de la justice et de l'humanité, qu'avec une grande réserve, lorsqu'elle paraît indispensable, et seulement pour le temps strictement nécessaire. Pour assurer l'exécution de ces règles, il est rendu compte chaque mois au Procureur général, par le Procureur impérial de l'arrondissement, des ordonnances de mises au secret rendues par le Juge d'instruction dans le cours du mois précédent (Circ. min. 10 février 1819).

II. Audition des témoins. — L'audition des témoins est, dans la plupart des procédures, la principale tâche du magistrat instructeur. Elle exige de sa part de la patience, du discernement, de la fermeté. Le juge doit entendre tous les témoins indiqués dans les procès-verbaux et pièces de renseignements qui lui sont remis, ceux désignés, soit par les témoins déjà entendus, soit par le prévenu lui-même et qu'il croit en état de donner quelques renseignements utiles à la découverte de la vérité. Les témoins sont entendus séparément, en la chambre d'instruction, après avoir prêté serment de dire la vérité et toute la vérité. Les questions qui leur sont posées doivent être appropriées à leur intelligence, à leur position sociale. Le juge doit mettre une certaine insistance, et s'efforcer d'inspirer aux témoins assez de confiance pour les amener à révéler tous les faits à leur connaissance. C'est là une des grandes difficultés de l'instruction. Beaucoup de témoins attendent les questions qui leur sont faites, et le juge qui souvent ignore certains faits, certaines circonstances importantes, peut éprouver un véritable embarras, s'il ne parvient à faire comprendre aux témoins qu'ils doivent dire toute la vérité.

Le juge d'instruction peut et doit souvent entendre de nouveau les témoins déjà interrogés par les officiers de police judiciaire. Il ne doit pas, dans ce cas, se borner à leur lire leur première déposition et leur demander si ils y persistent, mais au contraire, provoquer une nouvelle déposition orale. Il a également le droit d'entendre une seconde fois les témoins qui ont déjà déposés devant lui, s'il pense qu'ils peuvent donner des renseignements utiles sur de nouveaux faits révélés par l'instruction. Enfin, il est souvent utile de confronter les témoins entre eux ou avec l'inculpé. Aucune régle n'est tracée pour ces confrontations; l'intelligence du juge lui indique facilement les meilleurs moyens à employer suivant les circonstances pour les rendre utiles au but qu'il se propose.

Les dépositions des témoins sont recueillies avec le plus grand soin et la plus grande exactitude par le greffier, et rédigées de manière à conserver la véritable pensée de la personne qui dépose et à éviter tout équivoque. Elles sont ordinairement dictées par le juge en présence du témoin. Il en est ensuite donné lecture, et le témoin la signe avec le juge et le greffier.

Lorsque la demeure d'un témoin est éloignée du lieu où siége le tribunal, le juge d'instruction peut faire recevoir sa déposition par un magistrat de la localité. A cet effet, il envoie une commission rogatoire au juge d'instruction de l'arrondissement où demeure ce témoin. Il peut aussi donner des commissions rogatoires aux juges de paix, même dans l'arrondissement, pour éviter des déplacements coûteux. Mais dans les affaires graves, il doit n'user de ces moyens qu'avec prudence, les actes des fonctionnaires ainsi délégués ne pouvant souvent avoir la même portée que ceux faits par le juge qui a instruit l'affaire et en connaît tous les détails.

III. Visite des lieux, Perquisitions, etc. — Outre l'interrogatoire des prévenus et l'audition des témoins, certaines opérations peuvent être utiles pour compléter l'instruction. La visite des lieux, une perquisition au domicile de l'inculpé, peuvent être nécessaires. Le juge d'instruction a le droit de se transporter sur les lieux pour ces constatations. Il doit donner avis de son transport au Procureur impérial, qui, dans la pratique, l'accompagne le plus souvent dans ce transport. Mais il peut procéder seul, après cet avis, si le ministère public est empêché ou refuse de l'accompagner. Il peut aussi commettre des experts, pour les opérations où il est nécessaire d'obtenir l'avis des hommes de l'art. Dans ce cas, il doit leur donner les instructions les plus précises sur l'objet de leur mission. Les constatations et expertises sont ordinairement faites en présence du Juge, serment préalablement prêté par les experts. Le juge d'instruction doit veiller à ce que leurs rapports soient déposés dans le plus bref délai, rédigés avec soin et clarté, sans aucune préoccupation favorable ou contraire à l'accusé, avec la seule pensée d'éclairer une question de fait que l'expert n'a pas le droit d'apprécier.

Le Procureur impérial peut, à toute époque de l'instruction, requérir la communication des pièces, à la charge de les rendre dans les vingt-quatre heures. En général, dans la pratique, et par suite des bons rapports qui existent entre les magistrats du parquet et les juges d'instruction, ces communications ont lieu sans réquisitions, souvent même par le fait du juge, lorsqu'il éprouve quelque doute sur l'utilité d'approfondir un fait révélé par l'instruction. Lorsque l'instruction est terminée, la communication doit être faite sans retard au Procureur impérial par une ordonnance de *soit communiqué*, rendue par le juge d'instruction. Le ministère public doit, dans les trois jours de cette ordonnance, examiner la procédure ; si l'instruction ne lui paraît pas complète, il peut demander un supplément d'information et indiquer les constatations qu'il croit nécessaires. En général, ces nouveaux actes sont demandés verbalement et la meilleure entente existe entre le magistrat instructeur et le Procureur impérial à cet égard. En cas de dissidence, ce dernier pourrait formuler un réquisitoire, et si le juge ne croyait pas devoir y déférer, son refus serait exprimé par une ordonnance motivée contre laquelle le Procureur impérial pourrait se pourvoir, par voie d'opposition, devant la chambre des mises en accusation. Si l'instruction est suffisante, le ministère public rédige, par écrit, son réquisitoire définitif, tendant, suivant les cas, soit à ce qu'il soit déclaré qu'il n'y a lieu de suivre contre l'inculpé, soit à son renvoi en police correctionnelle ou devant la chambre des mises en accusation, suivant que le fait constitue un délit ou un crime.

Sous le Code de 1808, le juge d'instruction devait alors faire un rapport au tribunal réuni en la chambre du conseil, qui statuait sur ce réquisitoire, et rendait soit une ordonnance de non lieu, soit une ordonnance de renvoi. Cette procédure a été abrogée par la loi du 17 juillet 1856 qui a donné au juge d'instruction les pouvoirs réservés à la chambre du conseil. Cette innovation a beaucoup simplifié la procédure, sans aucun inconvénient sérieux. « Y a-t-il danger, disait le rapporteur au » Corps législatif, à placer cette juridiction dans les mains » d'un seul magistrat? Quand il s'agit d'une juridiction véri- » table, nous croyons que la pluralité des juges est une bonne » chose; ils s'éclairent les uns par les autres.... Mais la cham- » bre du conseil n'est pas une juridiction; elle ne saurait s'at- » tribuer le droit de mettre en mouvement l'action publique, » d'ordonner une poursuite criminelle ou de faire porter la » poursuite sur de nouveaux prévenus. Elle n'a que l'obliga- » tion étroite de décider si le fait existe ou non, et de régler la » compétence; ce n'est, à vrai dire qu'une simple formalité. » La chambre du conseil a surtout pour mission de dire si le » fait constitue un crime ou un délit. Dans le premier cas, » après son ordonnance, il se développe une grande et solen- » nelle garantie, celle de la chambre d'accusation. Il ne faut » qu'une voix (art. 133, C. inst. crim.) dans la chambre du » conseil pour renvoyer devant la chambre des mises en accu- » sation. Or, cette voix peut être et sera certainement celle du » juge d'instruction, si son opinion est dans ce sens. Sous ce » rapport, le projet ne lui donne rien de nouveau ; seul il ren- » voie, seul il renverra devant la chambre d'accusation. Quant » au renvoi en police correctionnelle, comment pourrait-on » avoir méfiance du droit accordé au juge d'instruction, lorsque » ce droit existe au profit du ministère public et même au » profit du premier venu. Le juge qui a fait l'instruction est » ordinairement plus éclairé que le magistrat du parquet qui » cite directement sur le vu d'un simple procès-verbal. Il est » infiniment plus éclairé qu'un homme qui use de ce droit, » peut-être excessif, qu'on nomme citation directe.........» (Rapport de M. Nogent Saint-Laurent au Corps-législatif; Moniteur, 16 juin 1856).

Aujourd'hui le juge d'instruction rend seul, après le réquisitoire définitif, une ordonnance soit de non lieu, soit de renvoi devant la chambre d'accusation ou devant le tribunal de police correctionnelle. Mais les ordonnances ainsi rendues peuvent, en cas de dissidence, être frappées d'opposition par le Procureur impérial. Cette opposition est formée dans les vingt-quatre heures de l'ordonnance, et portée devant la chambre d'accusation de la Cour impériale, qui statue de suite, toute affaire cessante. En cas d'opposition à une ordonnance de non lieu, le prévenu reste en prison jusqu'à ce qu'il ait été statué sur cette opposition (L. 17 juillet 1856).

S'il y a renvoi en police correctionnelle ou devant la chambre des mises en accusation, les pièces sont remises au Procureur impérial. Celui-ci doit, dans le premier cas, faire donner citation au prévenu devant le tribunal correctionnel pour la plus prochaine audience. Dans le second cas, il transmet sans retard toutes les pièces d'instruction, renseignements et procès-verbaux au Procureur général près la Cour impériale. Dès que les pièces sont parvenues entre ses mains, le Procureur général charge de leur examen un des substituts attachés à la chambre d'accusation. Ce substitut joint au dossier un réquisitoire motivé, tendant aux fins de mise en accusation, de non lieu, ou de plus ample informé. Il fait ensuite un rapport à l'audience de la chambre des mises en accusation, puis il se retire, et la Cour délibère en son absence. Les audiences de la chambre d'accusation se tiennent à huis-clos.

Si la Cour ne trouve pas les charges suffisantes pour donner lieu à une poursuite pour crime ou délit, elle rend un arrêt déclarant qu'il n'y a lieu de suivre, et ordonne la mise en liberté immédiate du prévenu. S'il résulte de l'examen de la procédure que les faits qualifiés crimes par l'ordonnance du juge d'instruction constituent un simple délit, elle rend un arrêt renvoyant le prévenu en police correctionnelle devant le tribunal compétent. Dans ce cas, le prévenu, détenu préventivement, doit rester en prison, si le délit peut emporter emprisonnement correctionnel. Enfin, si ces faits constituent un crime et qu'il existe charges suffisantes pour motiver la poursuite, la Cour renvoie le prévenu devant la Cour d'assises compétente, et décerne contre l'inculpé une ordonnance de prise de corps, contenant ordre de le conduire dans la maison de justice établie au siége de la Cour d'assises.

Quelque soit l'ordonnance du juge d'instruction, et alors même qu'elle contiendrait non lieu sur quelque chef, la Cour, sur les réquisitions du Procureur général, doit statuer à l'égard de chacun des prévenus renvoyés devant elle, sur tous les chefs de crime, délit ou contravention résultant de la procédure. Avant la loi de 1856, la Cour ne devait s'occuper que des faits qualifiés crimes par l'ordonnance de la chambre du Conseil. La nouvelle loi en a disposé autrement. « Le projet ne veut pas, dit l'exposé des motifs, que des prévenus qui sont renvoyés devant la Cour, puissent, à l'égard des chefs d'inculpation qui leur sont imputables et qui, à tort, ont été réglés par une ordonnance de non lieu, repousser son examen, en se retranchant derrière l'inviolabilité de la chose jugée. En ce qui concerne les prévenus, tout crime, tout délit, toute contravention résultant de la procédure, qu'ils aient été ou non retenus par l'ordonnance du juge, ou même lorsqu'ils sont protégés par une ordonnance de non lieu qui n'a pas été frappée d'opposition, doivent être sur la réquisition du Procureur général, l'objet d'une délibération de la Cour et d'un acte de sa juridiction (1). » Mais il en est autrement à l'égard des prévenus, d'abord compris dans la poursuite, et mis en dehors de la procédure par une ordonnance de non lieu. La Cour n'est pas saisie à leur égard, si cette ordonnance n'a pas été frappée d'opposition, et elle ne peut réformer sur ce chef l'ordonnance du juge d'instruction.

Aussitôt après l'arrêt ordonnant renvoi du prévenu en Cour d'assises, les pièces sont remises au Procureur général qui fait rédiger par un de ses substituts l'acte d'accusation, et le transmet avec l'arrêt de renvoi au Procureur impérial de l'arrondis-

(1) Exposé des motifs, L. 17 juillet 1856. Sirey, Lois annotées.

sement où est détenu l'inculpé. L'arrêt de renvoi et l'acte d'accusation sont de suite notifiés à l'accusé, et le Procureur impérial donne les ordres nécessaires pour le transférer dans la maison d'arrêt du lieu où siégent les assises.

Nous avons examiné sommairement les procédures relatives à l'instruction préparatoire. Nous exposerons dans un dernier paragraphe la procédure suivie devant les différents tribunaux pour arriver au jugement définitif.

---

§ 3.

Procédure devant les différents tribunaux de répression.

Les infractions aux lois pouvant donner lieu à l'exercice de l'action publique se divisent en trois classes : 1° les contraventions, punies des peines de simple police; 2° les délits, que la loi punit de peines correctionnelles; 3° les crimes, punissables d'une peine afflictive ou infamante. Cette classification, établie par l'art. 1er du Code pénal, sert à établir la compétence des tribunaux de répression. Il existe, en France, trois classes de tribunaux de répression : les tribunaux de simple police, les tribunaux correctionnels, et les tribunaux criminels ou Cours d'assises. Nous examinerons successivement la procédure devant chacun de ces tribunaux. Il existe, en outre, divers tribunaux exceptionnels, tels que la Haute-Cour, chargée de réprimer et punir les crimes et attentats contre la sûreté de l'Etat (Const. de 1852); les tribunaux militaires et maritimes, chargés de la répression des crimes et délits commis par les soldats et marins en activité de service, etc. L'examen des procédures spéciales à suivre devant ces juridictions sortirait du cadre de cette étude. Nous nous occuperons seulement des tribunaux ordinaires, sans parler même des procédures spéciales prescrites par le livre 4 du Code d'instruction criminelle, et applicables à certains cas déterminés, comme le crime de faux, les délits ou crimes commis par les magistrats et fonctionnaires, etc., etc.

I. Des tribunaux de simple police. — Les tribunaux de simple police sont chargés de la répression des contraventions. Sont considérés comme contraventions les faits qui donnent lieu à une amende de 15 francs et au-dessous, ou à un emprisonnement de cinq jours au plus. Le Code de brumaire an IV, avait attribué au juge de paix et à ses assesseurs toutes les fonctions de juge de simple police. Le Code de 1808 a jugé convenable d'y faire participer les maires des communes autres que les chefs-lieux de canton, dans certains cas et pour certaines contraventions déterminées par l'art. 166. « On a pensé, disait M. Treilhard, orateur du gouvernement, qu'il serait utile de faire participer les maires au droit de prononcer sur une partie des contraventions de police... En assurant aux juges de paix la connaissance exclusive de celles des affaires qui peuvent exiger des hommes plus exercés, pourquoi ne laisserait-on pas aux maires le droit de connaître des contraventions qui sont plus à leur portée et qu'ils réprimeront plus tôt et tout aussi bien que le juge de paix. C'est dans cet esprit qu'il est proposé de donner aux maires la connaissance des contraventions commises dans leurs communes par des personnes prises en flagrant délit ou par des personnes qui résident dans la commune ou qui y sont présentes lorsque les témoins y seront aussi résidants et présents. » La connaissance de ces contraventions fut donc attribuée aux maires, mais concurremment aux juges de paix. Cette organisation des tribunaux de police municipale qui, par suite de la concurrence des juges de paix, était purement facultative, rencontra partout des difficultés presque insurmontables, et, en pratique, elle resta pour ainsi dire sans application. La procédure étant, au surplus, la même devant tous les tribunaux de police, qu'ils soient tenus par les maires ou par les juges de paix, nous ne nous occuperons pas de cette distinction sans importance réelle.

Les juges de paix siégent seuls et sans le concours d'assesseurs. Dans les communes où il y en a plusieurs, chacun d'eux fait successivement le service du tribunal de police. Les fonctions du ministère public sont remplies par le commissaire de police du lieu où il siége, ou, s'il n'y en a pas, par le maire ou l'adjoint. Ces officiers de police judiciaire sont placés, à cet égard, sous la direction et la surveillance du Procureur impérial de l'arrondissement. C'est à lui qu'ils doivent s'adresser en cas de difficultés sur les suites à donner aux procès-verbaux et pour l'exécution du jugement. C'est à lui qu'ils doivent rendre compte des décisions rendues par le tribunal de simple police (Circ. min. 15 therm. an VIII. Décis. min. 10 mai 1825).

La procédure devant les tribunaux de police est fort simple. Le prévenu est appelé à l'audience par une citation donnée par huissier, à un délai de 24 heures au moins, à la requête du ministère public ou de la partie civile. Il peut même comparaître volontairement, sans citation, et sur simple avertissement. Ce mode est ordinairement employé pour éviter les frais de la citation; mais l'inculpé qui ne paraît pas sur cet avertissement ne pourrait être condamné par défaut. L'instruction est publique et se fait à l'audience. Les procès-verbaux constatant la contravention sont lus par le greffier; les témoins, cités à la requête du ministère public ou de la partie civile, sont entendus oralement et sous serment; la personne citée est interrogée; les témoins à décharge, par elle produits, sont également entendus. Le ministère public donne ses conclusions; la partie citée présente ses moyens de défense, et le juge de paix statue à l'audience où l'instruction a été terminée, ou, au plus tard, à l'audience suivante. Si la personne, régulièrement citée par huissier, ne comparaît pas, le jugement est prononcé par défaut. La personne condamnée par défaut peut former opposition au jugement dans les trois jours de sa notification. L'opposition faite par déclaration sur l'original de la signification, ou par acte notifié au ministère public, entraîne de plein droit citation à la prochaine audience. Tout jugement définitif emportant condamnation doit être motivé et contenir le texte de la loi ayant donné lieu à cette condamnation. L'exécution en est poursuivie à la requête du ministère public.

Les jugements de simple police peuvent être attaqués par appel lorsqu'ils prononcent un emprisonnement, ou une amende ou réparation civile au-dessus de cinq francs. L'appel est porté devant le tribunal correctionnel de l'arrondissement. Il doit être interjeté dans les dix jours de la signification du jugement. Le droit d'appel n'appartient qu'à la partie condamnée : le jugement ne peut être attaqué par cette voie par le ministère public, alors même qu'il prononce un acquittement. Il est, dans ce cas, considéré comme rendu en dernier ressort, et ne pourrait être attaqué que devant la Cour de cassation, si quelque disposition de la loi avait été violée ou faussement appliquée. Les tribunaux correctionnels statuant sur l'appel des jugements de simple police procèdent dans les mêmes formes. Ils ne peuvent, sur l'appel de la partie condamnée, prononcer une peine plus grave que celle fixée par le premier juge (Cassation, 3 janvier 1822).

II. Des Tribunaux correctionnels. — Les tribunaux civils de chaque arrondissement, statuant comme tribunaux correctionnels, sont chargés de la répression des délits. Ils siégent, au nombre de trois juges, en présence du ministère public. Ils sont saisis, soit par la citation donnée directement au prévenu à la requête du Procureur impérial, soit par la citation donnée à la même requête, en exécution d'une ordonnance du juge d'instruction ou d'un arrêt de la chambre d'accusation portant renvoi en police correctionnelle, soit enfin par la citation donnée à la requête de la partie lésée se portant partie civile. Il peut encore être saisi, à l'égard des délits forestiers, par les conservateurs ou inspecteurs des forêts et par les gardes-généraux. L'étendue de la prévention est déterminée par la citation, et le tribunal ne peut statuer sur les délits qui se découvriraient à l'audience, et qui ne seraient pas compris dans la poursuite. Le ministère public pourrait seulement demander acte de ses réserves de poursuivre sur ces nouveaux faits, à moins que l'accusé, présent à l'audience, ne consente à être jugé sur ces chefs sans citation préalable. Il y a cependant exception pour les délits commis à l'audience. Dans ce cas, le président dresse procès-verbal des faits, entend les témoins, et le tribunal peut appliquer, sans désemparer, les peines prononcées par la loi.

La procédure devant les tribunaux correctionnels ne présente aucune difficulté. Le prévenu comparaît sur simple citation donnée par huissier. Il doit, à peine de nullité, y avoir au moins un délai de trois jours, outre un jour par trois myriamètres, entre la citation et le jugement. Le prévenu comparaît en personne; il peut cependant se faire représenter par un avoué, lorsque le délit dont il est accusé n'entraîne pas emprisonnement. S'il ne comparaît pas, il est jugé par défaut; mais il peut, dans ce cas, former opposition au jugement dans les cinq jours de la signification, outre un jour par cinq myriamètres de distance. L'opposition est signifiée au ministère public, et à la partie civile, s'il y en a une, et emporte de droit citation à la première audience. Si le prévenu fait encore défaut, le nouveau jugement est définitif et ne peut être attaqué que par la voie d'appel.

Lorsque le prévenu se présente sur la citation qui lui a été donnée, l'instruction se fait publiquement à l'audience. Les procès-verbaux ou l'ordonnance de renvoi sont lus par le greffier. Les témoins à charge et à décharge sont entendus oralement, en présence de l'inculpé, après avoir prêté serment de dire la vérité et toute la vérité. S'il y a eu instruction préparatoire, il ne peut être donné lecture des dépositions écrites, même pour suppléer à l'absence de quelque témoin. L'inculpé est interrogé; après l'interrogatoire, il présente ou fait présenter par son conseil ses moyens de défense; le Procureur impérial résume l'affaire et donne ses conclusions; le prévenu a toujours droit de lui répliquer et de parler le dernier. Le jugement est rendu immédiatement en audience publique, ou, au plus tard, à l'audience qui suit l'instruction. C'est, d'après les débats à l'audience, que le tribunal doit former sa conviction ; l'instruction préalable doit rester secrète et ne doit, en général, être invoquée ni contre le prévenu ni en sa faveur. Il est tenu note par le greffier des dépositions faites à l'audience par les témoins, des réponses de l'inculpé et des conclusions du ministère public, sur une feuille annexée au dossier, et appelée plumitif. Ces notes sont visées par le président du tribunal dans les trois jours du jugement.

Si les faits dont le tribunal est saisi ne sont pas établis, ou s'ils ne constituent ni contravention ni délit, le tribunal renvoie le prévenu de la poursuite et ordonne sa mise immédiate en liberté, s'il est détenu préventivement. Si les faits ne constituent qu'une contravention et que le ministère public ne demande pas le renvoi, le tribunal prononce application de la peine. Son jugement est alors en dernier ressort. Si les faits constituaient un crime, le tribunal pourrait de suite décerner un mandat de dépôt, et renverrait le prévenu devant le juge d'instruction. Enfin, si le délit donnant lieu à la poursuite est suffisamment établi, le tribunal prononce application de la peine et condamne en outre le prévenu aux frais, même envers la partie publique. Le texte de la loi dont il est fait application est lu à l'audience par le président, et les faits, dont le prévenu est déclaré coupable, énoncés dans le dispositif du jugement. La minute du jugement est signée par le président dans les vingt-quatre heures. L'exécution en est poursuivie à la requête du Procureur impérial. Toutefois, le recouvrement des amendes et frais se fait en son nom par le Directeur de l'Enregistrement et des Domaines. Ce recouvrement a lieu par la voie de la contrainte par corps, exercée dans les limites et pour un temps fixé par les lois spéciales, d'après l'importance du montant des condamnations (Lois des 17 avril 1832 et 13 déc. 1848).

Les jugements rendus en matière correctionnelle peuvent être attaqués par la voie de l'appel. Cet appel est aujourd'hui porté devant la Cour impériale (L. 13 juin 1856). Il peut être interjeté par les parties condamnées ou responsables, par la partie civile quant aux intérêts civils seulement, par l'administration forestière pour les délits poursuivis à sa requête, par le Procureur impérial et par le Procureur général. Il doit être interjeté dans les dix jours du jugement contradictoire et pour les jugements par défaut, dans les dix jours de la signification à la partie condamnée. Il est formé par déclaration au greffe du tribunal qui a prononcé le jugement, ou par une requête remise dans le même délai au greffe du tribunal ou de la Cour, contenant les moyens d'appel et signée par la partie ou son fondé de pouvoirs. Le Procureur général a un plus long délai pour interjeter appel. Il peut ignorer le jugement, ou, s'il doit en être prévenu par l'envoi de l'extrait qui lui en est fait par le Procureur impérial dans la quinzaine du jour où il a été prononcé, il peut avoir besoin d'examiner les pièces et de prendre des renseignements pour savoir s'il doit former appel. Il a un délai de deux mois pour notifier son recours aux prévenus ou aux personnes civilement responsables; si, cependant, le jugement lui est notifié par une des parties, ce délai est reduit à un mois du jour de cette notification. Ces délais sont de rigueur, et il est généralement admis qu'après leur expiration, le ministère public ni la partie civile ne peuvent interjeter un appel incident, même du jugement frappé d'appel par le condamné. Cette solution a des résultats importants; car l'appel de la partie condamnée ne permet pas à la Cour d'aggraver sa position ni d'augmenter sa peine, s'il n'y a pas eu appel du ministère public. Dans la pratique, le Procureur impérial, prévenu par le greffier de l'appel interjeté par la partie condamnée, interjète lui-même appel du jugement avant l'expiration des délais fixés par la loi, afin de laisser à la Cour une entière latitude pour l'application de la peine. L'appel indéterminé formé par le ministère public, remet en question tout ce qui a été soumis aux premiers juges, même lorsque le condamné n'a pas lui-même interjeté appel, en sorte que la partie condamnée peut être acquittée sur l'appel du ministère public, alors même qu'elle aurait accepté le jugement.

La procédure devant la Cour d'appel est à peu près la même

que devant le tribunal correctionnel. Dès que l'appel a été formé, les pièces sont transmises par le Procureur impérial au Procureur général, et le prévenu, s'il est détenu, est transféré dans la maison d'arrêt établie au siége de la Cour. L'appel doit être jugé dans le mois, en audience publique, sur le rapport d'un conseiller. Il n'est plus nécessaire de donner lecture des procès-verbaux et pièces : le rapport y supplée. La Cour peut même se dispenser d'interroger le prévenu, surtout s'il a un défenseur. En général, les témoins entendus en première instance ne sont pas cités de nouveau. Cependant la Cour peut ordonner leur comparution sur la demande du prévenu ou du ministère public; elle peut aussi ordonner l'audition de nouveaux témoins qui seraient indiqués et qui n'auraient pas été entendus devant les premiers juges. Après le rapport du conseiller, et l'audition des témoins, si elle a été ordonnée, le ministère public présente ses conclusions, et la partie condamnée ou son défenseur sont entendus en leurs moyens de défense. L'arrêt est prononcé en audience publique. Si le jugement est réformé parce que les faits ne constituent *ni* crime *ni* délit, la Cour renvoie le prévenu, et, s'il est détenu, ordonne sa mise en liberté. Si le jugement est annulé, parce que le fait constitue un crime de nature à entraîner une peine afflictive ou infamante, la Cour décerne contre le prévenu un mandat de dépôt ou un mandat d'arrêt, et renvoie le prévenu devant le magistrat compétent, autre toutefois que celui qui a pris part au jugement ou fait l'instruction.

Le ministère public, le prévenu et la partie civile peuvent se pourvoir en cassation contre les arrêts rendus en matière correctionnelle. Le pourvoi doit être formé dans les trois jours et notifié dans le même délai à la partie contre laquelle il est formé. Le condamné à un emprisonnement correctionnel, ne peut se pourvoir avant de s'être constitué prisonnier, à moins qu'il n'ait obtenu sa liberté sous caution. Les pièces sont immédiatement transmises par le Procureur général au Ministre de la Justice, qui les adresse à la Cour de cassation. La Cour doit statuer dans le mois. Si le jugement est cassé pour fausse application de la loi, ou vice de forme, l'affaire est renvoyée devant une autre Cour impériale qui statue dans les mêmes formes.

III. Des Tribunaux criminels ou Cours d'assises. — Organisation du Jury. — Les tribunaux criminels ou Cours d'assises sont chargés de la répression des crimes punis par le Code pénal de peines afflictives ou infamantes. Ils ont été également chargés, à diverses époques, de la répression des délits de presse et des délits politiques. Ces délits sont aujourd'hui renvoyés devant les tribunaux correctionnels. Les Cours d'assises sont établies dans chaque département, ordinairement au chef-lieu. Elles sont tenues par un Conseiller de la Cour impériale du ressort, délégué pour remplir les fonctions de Président, et par deux juges pris dans le tribunal de l'arrondissement où elles siégent. Dans les chefs-lieux de Cours impériales, les Cours d'assises sont tenues par trois conseillers, dont l'un est désigné comme président. La Cour peut aussi déléguer trois conseillers pour tenir les Assises des autres départements; mais ce fait se présente rarement et seulement dans des circonstances exceptionnelles. Le conseiller, président des Assises, est désigné pour chaque session par le Ministre de la Justice, ou, à son défaut, par le premier Président de la Cour impériale. Les juges assesseurs sont délégués par le premier Président de la Cour. Les présidents et assesseurs composant la Cour d'assises ne peuvent être choisis que dans les chambres civiles; les membres de la chambre d'accusation, et le juge qui a été chargé de l'instruction de l'affaire, ne peuvent en faire partie. Les fonctions de ministère public sont remplies, au chef-lieu de la Cour impériale par les membres du Parquet de la Cour; dans les autres siéges, par le Procureur impérial du lieu où se tiennent les Assises ou par un substitut. Le Procureur général a le droit de se transporter en personne ou de déléguer un de ses avocats généraux ou un des substituts du Parquet de la Cour, pour porter la parole dans les différentes Cours d'assises du ressort. Il use fort rarement de ce droit.

Les Cours d'assises se tiennent tous les trois mois dans chaque département, ou plus souvent, si le nombre des affaires l'exige. Les sessions sont ordinairement réparties de manière à ce qu'elles n'aient lieu, dans chaque département du même ressort, que successivement et de mois en mois. Le jour de l'ouverture des Assises est fixé, pour chaque session, par une ordonnance du premier Président de la Cour impériale du ressort. Cette ordonnance, ainsi que celle portant nomination du conseiller président, est envoyée par le Procureur général à tous les Procureurs impériaux du département. Ceux-ci doivent en requérir la lecture à l'audience civile la plus prochaine de leur tribunal, la faire afficher dans la ville par les soins du Maire, et la faire annoncer par extrait inséré dans le journal judiciaire de l'arrondissement. La session dure le temps nécessaire au jugement de toutes les affaires qui sont en état. Cependant, lorsque le nombre ou l'importance des affaires doit prolonger la session au-delà de quinze jours, il est d'usage de faire deux sessions, de manière à éviter aux jurés un trop long déplacement.

Les magistrats composant la Cour d'assises sont chargés de statuer sur les incidents de la procédure, sur les conclusions des parties et sur l'application de la peine. La question de fait, sur la culpabilité des accusés, est soumise à douze jurés tirés au sort, sur une liste formée chaque année pour chaque canton, et composée de citoyens français, âgés de 30 ans au moins, jouissant de leurs droits politiques, civils et de famille, et ne se trouvant dans aucun des cas d'incapacité ou d'incompatibilité prévus par la loi. Les incapacités sont fixées par la loi du 4 juin 1853; elles frappent les personnes ayant subi certaines condamnations déterminées, ou se trouvant dans une position pouvant porter atteinte à la considération nécessaire au caractère des jurés, tels que les faillis non réhabilités, les officiers ministériels destitués, etc. Les incompatibilités résultent de certaines fonctions déterminées par la même loi, telles que celles de Ministre, Président du Sénat ou du Corps législatif, Membres du Conseil d'Etat, Préfet ou Sous-Préfet, Conseiller de Préfecture, Juges, Membres du Parquet près les Cours et Tribunaux, etc. Sont exclus de la liste du Jury les domestiques et serviteurs à gages, ceux qui ne savent ni lire ni écrire en français. La loi permet enfin de dispenser de ces fonctions les septuagénaires et ceux qui ont besoin pour vivre de leur travail manuel ou journalier.

L'institution du Jury, introduite en France en 1791, a reçu depuis cette époque de nombreuses modifications. Fondé sur les bases d'un corps politique, composé, dans l'origine, de tous les électeurs, le Jury a subi depuis le commencement du siècle, l'influence de toutes les oscillations politiques; tantôt complètement livré à l'arbitraire administratif, tantôt subissant les conséquences de l'établissement du suffrage universel, et devenant le droit de tous, sans restrictions et sans limites. Ces diverses phases de l'histoire du Jury, qu'il serait trop long de raconter ici, ont été la source de bien des attaques qui se sont élevées contre l'institution elle-même. Il nous semble nécessaire, à ce point de vue, de les résumer en quelques lignes.

Nous avons déjà dit, qu'au moment de la rédaction du Code d'instruction criminelle, on demanda la suppression du Jury au sein même du Conseil d'Etat. Pendant la malheureuse période qui venait de s'écouler, l'organisation de la justice était restée ferme et inébranlable, malgré toutes les tentatives faites pour y porter la main. Le Jury avait, au contraire, subi toutes les vicissitudes des diverses phases révolutionnaires. L'ordre judiciaire d'un pays ne change pas ainsi impunément, surtout quand cet ordre nouveau ne tient pas encore par de profondes racines. « L'histoire encore vivante des dernières années prêtait une autorité grave à l'opposition des vieux législateurs élevés à l'école des Parlements. Le Jury ne pénétrait qu'avec lenteur dans les mœurs françaises, et, à voir le peu de goût des uns, la répugnance des autres, l'indifférence de tous, on pouvait se croire autorisé à dire que l'épreuve était déjà concluante et que l'institution s'alliait mal avec le caractère de la nation. Ajoutons qu'on lui imputait, à juste titre, d'avoir servi d'instrument à tous les partis. Même après les grandes crises, sa mollesse pour la répression des crimes privés qui en sont la suite ordinaire, avait été extrême, et cette trahison de l'intérêt public avait inspiré en l'an VIII et en l'an IX un véritable effroi. Le spectacle de ce corps judiciaire si faible, et comme énervé déjà malgré sa jeunesse, offrait, avec la virilité de la véritable magistrature, un contraste qui saisissait les imaginations. Mais le Jury trouvait une défense éloquente dans le cœur des hommes d'Etat qui avaient vu les abus de l'ancien régime. On comprenait qu'un juge permanent, habitué à rencontrer beaucoup de coupables, serait naturellement enclin à croire à la réalité du crime. On sentait que le magistrat, avec sa vie uniforme et douce, exempte de ces vicissitudes qui mettent les hommes aux prises avec les tentations, pourrait bien ne pas apporter sur son siége, une âme assez compâtissante pour la fragilité humaine. Là fut le salut du jury ; et le souvenir d'erreurs passagères, de faiblesses qu'on pouvait, sans trop d'indulgence, attribuer en partie aux difficultés des temps, s'effaça devant cette nécessité de protéger l'innocence, qui parlait à l'âme et à la raison du législateur. Le génie de Napoléon alla droit au remède; ce fut d'enlever au Jury ce caractère politique qui venait d'en faire, tour à tour, une autorité sans énergie, ou un instrument redoutable entre les mains des factions » (1).

Le Code de 1808 maintint le Jury pour le jugement des crimes devant les Cours d'assises, et le régularisa en le considérant plutôt comme une fonction que comme un droit. Au lieu d'y appeler la généralité des citoyens, il se borna à y com-

(1) Nous empruntons cet exposé des difficultés soulevées en 1808, pour le maintien du Jury, au rapport fait par M. Langlais au Corps législatif, le 4 mai 1853 (*Moniteur suppl.*, 1853, p. 37).

prendre ceux qui étaient dignes de cette mission. Mais bientôt de nouvelles difficultés se révélèrent. Les jurés furent choisis, non d'après leur capacité, mais parce qu'ils appartenaient à telle classe de la société. Les listes de service étaient dressées par les Préfets. Ces magistrats administratifs furent accusés d'abuser de leur autorité pour le choix des jurés, et l'on vit pendant trente ans les partis disputer à l'autorité la formation des listes, le Jury se modifier à chaque abaissement du cens électoral, et l'institution elle-même subir ces incertitudes qui l'avaient ébranlée dès l'origine.

L'Assemblée constituante de 1848 fut saisie d'un projet de loi qui, proclamant ce principe, que tous les citoyens, électeurs par suite du suffrage universel, étaient aptes à être jurés, proposait que la liste de service fut formée par un simple tirage au sort sur la liste électorale. L'Assemblée recula devant ce principe absolu, et un décret du 7 août 1848 confia le choix annuel des jurés appelés à composer la liste de service à une Commission cantonale, composée du conseiller général du canton, du juge de paix, et de deux membres du Conseil municipal de chaque commune. Cette Commission devait former la liste annuelle en choisissant sur la liste générale des électeurs un nombre de jurés fixé par la loi, et devant représenter au plus quinze cents jurés par département. Bientôt de nouveaux abus furent signalés. La liste formée par la Commission cantonale omettait souvent les hommes les plus capables, qui trouvaient, dans des complaisances de localité, une grande facilité pour s'exonérer de ces fonctions. Le Jury se trouvait ainsi composé d'hommes incapables et au-dessous de leur mission. Une nouvelle réforme était nécessaire et sollicitée avec instance par la magistrature. La loi du 4 juin 1853 chercha à remédier aux abus signalés. Elle posa en principe la séparation radicale du Jury et du corps électoral. Le Jury n'ayant plus à statuer sur les délits de presse ni sur les délits politiques, il devenait plus facile de ramener l'institution à son véritable caractère, et de proclamer que l'on était appelé à être juré, non pas comme citoyen, mais parce qu'on était jugé capable et digne de remplir cette mission. La loi de 1853 se borna dès-lors à établir les conditions nécessaires pour pouvoir faire partie du Jury, les incapacités, incompatibilités, et cas de dispenses; puis elle traça les règles à suivre pour la formation d'une liste annuelle, dans laquelle seraient désignés par le sort les jurés appelés pour chaque session à remplir leurs fonctions devant les Cours d'assises. Cette liste comprend 2,000 jurés dans le département de la Seine; 500 dans les départements dont la population excède trois cent mille habitants; 400 dans ceux dont la population est de deux à trois cent mille habitants; 300 seulement dans les départements dont la population est inférieure à deux cent mille habitants. Le nombre des jurés est réparti, par arrondissement et par canton, proportionnellement au chiffre de la population, par arrêté du Préfet pris en Conseil de Préfecture dans la première quinzaine du mois d'octobre. Dans chaque canton, une commission composée du juge de paix et des maires de chaque commune dresse une liste préparatoire comprenant un nombre de jurés triple de celui fixé pour le contingent du canton. Ces listes sont adressées au Sous-Préfet de l'arrondissement. Dans le courant de novembre, une autre commission composée de tous les juges de paix de l'arrondissement, réunis au chef-lieu, sous la présidence du Sous-Préfet, arrête définitivement la liste d'arrondissement, en choisissant dans les listes de canton le nombre de jurés indiqué par l'arrêté du Préfet. Cette liste est immédiatement adressée au Secrétariat de la Préfecture. Le Préfet fait alors dresser la liste générale du département, en se bornant à classer, par ordre alphabétique, tous les noms portés sur les listes d'arrondissement. Cette liste définitive est adressée le 15 décembre, au greffe de la Cour ou du tribunal du lieu où se tiennent les Assises du département. Aucune modification ne peut être faite sur cette liste annuelle, si ce n'est les radiations par suite de décès ou d'incapacité légale. Le Préfet, informé de ces cas lorsqu'ils se présentent, par l'intermédiaire du ministère public, en transmet l'avis au Président de la Cour ou du tribunal chargé des Assises.

Dix jours au moins avant l'ouverture de chaque session, le premier Président, au siége de la Cour, le Président, au tribunal du chef-lieu judiciaire, tire au sort, en audience publique, sur la liste annuelle qui lui a été transmise par le Préfet, trente-six noms de jurés ordinaires, et quatre de jurés supplémentaires appelés à remplir leurs fonctions pendant la durée de la session. Les jurés supplémentaires sont pris sur une liste spéciale de jurés suppléants, composée de cinquante noms par département, et comprenant uniquement des jurés habitant la ville où se tiennent les Assises. Les jurés ne peuvent être appelés à siéger qu'une fois par an; pour éviter toute confusion à cet égard, le greffier fait, au moment même du tirage, en marge de la liste annuelle, mention des noms sortis de l'urne et qui ne doivent pas y être replacés pour les prochaines sessions. Il est tenu procès-verbal de l'opération du tirage au sort, et le greffier dresse quatre expéditions des quarante noms désignés par ce tirage. L'une est remise au Procureur impérial pour être notifiée aux accusés; une autre au président des assises; la troisième au Préfet chargé d'en faire notifier un extrait à chacun des jurés indiqués pour le service de la session; la quatrième est adressée au Ministre de la Justice.

La notification aux jurés de l'extrait constatant que leur nom a été désigné par le sort, et portant citation de se trouver au lieu où se tiennent les Assises, aux jour et heure fixés pour l'ouverture de la session, est faite de suite à la requête du Préfet. Elle peut être signifiée par un huissier ou par un agent de la force publique. Dans la pratique, les Préfets en chargent ordinairement la gendarmerie pour éviter les frais de signification.

La liste du service de la session est signifiée par huissier à l'accusé, au plus tard la veille du jour fixé pour sa comparution devant les Assises, à peine de nullité. Le jour de l'ouverture de la session, avant de procéder à l'examen des affaires, le président fait faire, en présence du ministère public et de l'accusé, l'appel de tous les jurés, et statue, s'il y a lieu, sur les excuses de ceux qui sont absents ou sur les dispenses réclamées. Les noms des jurés présents et non excusés sont mis dans une urne. Si par suite des absences excusées ou des dispenses admises, le nombre des jurés de la liste de la session est réduit à moins de trente, ce nombre est complété par les jurés suppléants appelés suivant l'ordre de leur inscription sur le procès-verbal de tirage au sort. Si les quatre jurés supplémentaires portés sur la liste ne suffisent pas pour compléter le nombre de trente, il est procédé, en audience publique, à un tirage au sort du nombre de jurés nécessaires, pris sur la liste générale ou parmi les jurés de la ville inscrits sur la liste annuelle. Le juré qui ne répond pas à la notification qu'il a reçue ou qui est absent au moment du tirage au sort du Jury spécial à chaque affaire, est condamné par la Cour d'assises, sur les réquisitions du ministère public, à une amende de 200 à 500 francs, pour la première fois; de 1,000 francs pour la seconde; de 1,500 fr. pour la troisième. Dans le cas de trois absences pendant la session, il est en outre déclaré incapable d'exercer désormais les fonctions de juré, rayé de la liste, et l'arrêt qui le condamne, est imprimé et affiché à ses frais.

Le nombre de douze jurés est nécessaire pour former le Jury de chaque affaire. Lorsqu'une affaire peut entraîner de longs débats, la Cour d'assises peut ordonner, avant le tirage au sort, qu'il sera adjoint deux jurés supplémentaires pour assister aux débats, et remplacer ceux des jurés qui seraient empêchés de suivre les débats jusqu'au verdict. Le tirage au sort des douze jurés a lieu, avant chaque affaire, en présence du ministère public et de l'accusé; il peut être fait en la chambre du conseil. Le président tire chaque nom de l'urne et le lit à haute voix. L'accusé et le ministère public peuvent récuser ceux des jurés qu'ils ne voudraient pas avoir pour juges. Cette récusation ne doit pas être motivée; elle est faite par ces simples mots : *Je le récuse.* Le ministère public et l'accusé peuvent faire un nombre égal de récusations, mais de manière à ce qu'il reste toujours douze jurés non récusés. S'il y a plusieurs accusés dans une même affaire, ils doivent s'entendre pour les récusations ; le juré récusé par l'un d'eux, est récusé pour tous. Le juré, dont le nom est sorti le premier de l'urne, remplit les fonctions de président du jury ; il peut, mais seulement de son consentement, être remplacé par un de ses collègues, désigné par tous les autres.

IV. Procédure devant la Cour d'assises. — Lorsqu'un arrêt de la chambre des mises en accusation a renvoyé un accusé devant la Cour d'assises, le dossier est immédiatement communiqué au conseiller-président des Assises du département, puis transmis sans retard au Procureur impérial du chef-lieu où elles doivent siéger, pour remplir les formalités préliminaires. Ces formalités consistent à citer les témoins pour le jour fixé par les débats, faire notifier la liste de ces témoins, et la liste des jurés à l'accusé, vingt-quatre heures au moins avant sa comparution. L'accusé et son défenseur ont droit de demander communication de toutes les pièces de l'instruction et d'en prendre copie. Ils peuvent même exiger qu'il leur soit délivré gratuitement une copie des procès-verbaux et des déclarations écrites des témoins ; mais une seule copie doit être délivrée dans chaque affaire, quel que soit le nombre des accusés. Lorsque le prévenu est dans l'indigence, le président peut ordonner sur sa demande, l'assignation, à la requête du ministère public, des témoins à décharge qu'il penserait utiles à la manifestation de la vérité. La liste des témoins à décharge doit être notifiée au ministère public, vingt-quatre heures avant leur audition.

Dans les vingt-quatre heures de l'arrivée des pièces, et dès que l'accusé est écroué dans la maison d'arrêt du chef-lieu des Assises, le président ou l'un des juges par lui délégué procède à son interrogatoire sommaire. Il lui demande en même temps de déclarer s'il a fait choix d'un conseil pour sa défense, et en cas de réponse négative, il lui en désigne un d'office, à peine de nullité. Cette désignation reste non avenue, si l'accusé choisit plus tard un autre défenseur. Au jour fixé pour les débats, l'accusé comparaît libre et sans fers, accompagné toutefois de gardes pour empêcher son évasion. Le président fait procéder à l'appel des douze jurés désignés par le sort. Il prononce ensuite la formule solennelle suivante : « Vous jurez et promettez devant Dieu et devant les hommes, d'examiner avec l'attention la plus scrupuleuse les charges qui sont portées contre N... ; de ne trahir ni les intérêts de l'accusé ni ceux de la société qui l'accuse ; de ne communiquer avec personne jusqu'après votre déclaration, de n'écouter ni la haine ou la méchanceté, ni la crainte ou l'affection ; de vous décider d'après les charges et les moyens de défense, suivant votre conscience et votre intime conviction, avec l'impartialité et la fermeté qui conviennent à un homme probe et libre. » Chaque juré appelé individuellement répond en levant la main : *Je le jure.*

Il est ensuite donné par le greffier lecture de l'arrêt de renvoi en Cour d'assises et de l'acte d'accusation. Le ministère public fait un exposé sommaire de l'affaire et fait lire la liste des témoins, qui sont appelés et enfermés dans une salle voisine de l'audience. Puis il est procédé par le président à l'interrogatoire de l'accusé et à l'audition des témoins. Tous doivent déposer oralement après avoir prêté serment de parler sans haine et sans crainte, de dire la vérité et rien que la vérité. L'accusé et son défenseur, ainsi que le ministère public, peuvent poser aux témoins les questions qu'ils croiraient utiles pour éclaircir les débats ou en déterminer les circonstances. Lorsque le dernier témoin a été entendu, la partie civile, s'il y en a une, et, dans tous les cas, le ministère public prend la parole pour soutenir l'accusation. Il doit parler d'après sa conscience et sa conviction, peut réclamer en faveur de l'accusé l'admission de circonstances atténuantes, et même abandonner l'accusation et demander l'acquittement, si, d'après les débats, la poursuite ne lui paraît pas fondée. Le défenseur de l'accusé prend ensuite la parole pour lui répondre. En cas de réplique du ministère public, l'accusé ou son défenseur doivent toujours avoir la parole les derniers.

Après les plaidoiries, les débats sont clos; le président résume l'affaire et présente aux jurés les principales preuves établies pour ou contre l'accusé. Il donne ensuite lecture aux jurés des questions qui leur seront soumises, et qui résultent soit de l'acte d'accusation, soit des débats. Ces questions sont remises par écrit au président du Jury. Il est recommandé d'éviter les questions complexes; il faut les diviser, en poser une pour chaque fait et pour chaque circonstance accessoire, de manière à ce que les jurés puissent répondre par *oui* ou par *non* à chacunes d'elles (Circ. minist., 24 août 1837). Le président avertit aussi les jurés, que s'ils pensent qu'il existe en faveur de l'accusé des circonstances atténuantes, il doit en être fait mention à la suite de leur déclaration. Après quoi, le président fait sortir l'accusé; les jurés sont conduits dans la chambre de leurs délibérations, et les magistrats rentrent dans la chambre du conseil.

Les jurés ne peuvent, pendant leur délibération, communiquer avec personne, jusqu'à ce que leur verdict soit prononcé. Ils peuvent seulement faire appeler le président de la Cour, pour avoir des explications sur les difficultés qui pourraient les arrêter. Ils ne peuvent quitter, sous aucun prétexte, la chambre des délibérations. Si le nombre des questions ou la longueur de la délibération nécessitait quelque repos, ou les forçait à prendre un repas, il a lieu dans la chambre où ils sont enfermés, sans que ce soit un prétexte de communiquer avec personne. Les jurés doivent voter sur chaque question au scrutin secret, sur bulletins imprimés qui leur sont remis revêtus du timbre de la Cour et portant ces mots : *Sur mon honneur et ma conscience, ma déclaration est.....* Ils y écrivent seulement *oui* ou *non*, et le bulletin est déposé dans une urne dont le dépouillement est fait par le chef du Jury. Il faut un vote séparé sur toutes les questions et sur l'admission des circonstances atténuantes. Le dépouillement est fait après le vote sur chaque question, et les bulletins sont immédiatement brûlés par le chef du Jury. La décision, tant contre l'accusé que relativement aux circonstances atténuantes, se forme à la simple majorité (L. 9 juin 1853) (1). S'il existe dans l'urne des bulletins blancs, ils sont considérés comme favorables à l'accusé.

Lorsque le vote des jurés est complet sur toutes les questions, ils rentrent à l'audience, ainsi que les magistrats de la Cour, le ministère public et le défenseur de l'accusé. Le chef du Jury fait connaître à haute voix le résultat de la délibération, dans ces termes qu'il prononce la main placée sur son cœur : *Sur mon honneur et ma conscience, devant Dieu et devant les hommes, la déclaration du Jury est*..... sur telle question, *oui* l'accusé, ou *non* l'accusé est..... La déclaration est ensuite remise, signée du chef du Jury, au président de la Cour qui la signe également avec le greffier. Dès ce moment, le verdict est acquis à l'accusé aussi bien qu'au ministère pu-

(1) La législation a souvent varié sur ce point. La loi de 1791 et le Code de brumaire an IV exigeaient la majorité de 10 voix sur 12 contre l'accusé ; la loi du 19 fructidor an V exigeait même l'unanimité ; lorsqu'après 24 heures on ne pouvait arriver à l'unanimité, on déclarait partage favorable à l'accusé (L. 8 frim. an VI). Sous le Code de 1808, le partage était favorable à l'accusé; en cas de déclaration de culpabilité, à la simple majorité, les juges délibéraient entre eux. La loi du 4 mars 1831, maintenue par le Code révisé de 1832, voulut que la décision contre l'accusé se formât à la majorité de plus de sept voix. Une loi du 9 septembre 1835, dictée par des considérations politiques, revint au système de la simple majorité ; mais pour donner à l'accusé une garantie contre les chances d'erreur, elle déclara que lorsque l'accusé ne serait déclaré coupable qu'à la simple majorité, il suffirait que la majorité des juges soit d'avis de surseoir au jugement et de renvoyer l'affaire à une autre session, pour que cette mesure soit ordonnée. Un décret du Gouvernement provisoire, du 4 mars 1848, exigea une majorité de neuf voix contre l'accusé. Cette majorité fut abaissée à huit voix par un autre décret du 12 octobre 1848. Enfin, la loi de 1853 revint, pour toutes les questions, à la nécessité de la simple majorité, sans qu'il soit même nécessaire de l'indiquer dans le verdict.

blic, et ne peut être soumis à aucun recours, sauf le cas de cassation pour vice de formes, ainsi que nous l'indiquerons. Toutefois, et seulement dans le cas où l'accusé est reconnu coupable par le Jury, si la Cour est convaincue que les jurés, tout en observant les formes prescrites par la loi, se sont trompés sur le fond, elle peut déclarer qu'il est sursis au jugement, et que l'affaire est renvoyée à une prochaine session pour être soumise à un nouveau Jury.

Lorsque la déclaration du jury est régulière et complète, le président de la Cour ordonne que l'accusé soit amené à l'audience. Il est alors donné lecture par le greffier, en sa présence, du verdict du jury. S'il est déclaré non coupable, le président prononce son acquittement, et ordonne sa mise immédiate en liberté. Si, au contraire, l'accusé est déclaré coupable, le ministère public prend la parole pour requérir l'application de la peine. L'accusé ou son défenseur peuvent lui répondre. Puis la Cour délibère, soit sur son siége, soit en la chambre du conseil, sur l'application de la peine, et prononce en audience publique l'arrêt définitif. Il y est donné lecture des articles de la loi dont l'application est faite au condamné.

Le président de la Cour avertit l'accusé, qui vient d'être condamné, qu'il a trois jours pour se pourvoir en cassation. Le ministère public peut se pourvoir également dans le même délai. En matière criminelle, le pourvoi ne peut être formé que pour fausse application de la peine prononcée par la loi, omission d'une partie essentielle du jugement ou des formalités prescrites à peine de nullité. Il peut aussi y avoir pourvoi pour cause d'incompétence, ou lorsque la Cour a omis de statuer sur un chef des conclusions prises à l'audience, soit par le ministère public, soit au nom de l'accusé. La Cour de cassation ne statue que sur les moyens de droit. Elle n'a pas à rechercher si les faits existent, et ne peut les apprécier qu'au point de vue de la criminalité et pour savoir s'il leur a été fait une juste application de la loi. Dans le cas d'acquittement, le ministère public ne peut se pourvoir en cassation que dans l'intérêt de la loi, et sans que la décision de la Cour puisse permettre de reprendre les poursuites contre l'accusé. Dans le cas de condamnation, au contraire, le pourvoi formé, même par le ministère public seul, profite au condamné, en ce sens que si l'arrêt est cassé, l'affaire est renvoyée devant un nouveau Jury qui l'examine complètement, et peut acquitter l'individu condamné antérieurement. Aussi est-il généralement admis que le ministère public ne peut se désister du pourvoi qu'il a formé régulièrement.

Tous les débats devant les Cours d'assises, aussi bien que devant les tribunaux correctionnels, doivent avoir lieu en audience publique. Toutefois, si l'affaire est de nature à causer quelque scandale, ou que sa publicité offre quelque danger pour l'ordre public ou les bonnes mœurs, le ministère public peut requérir qu'elle soit jugée à huis-clos. La Cour statue sur ces réquisitions, et, s'il y est fait droit, les huissiers font évacuer la salle après la lecture de l'arrêt de renvoi. Mais les portes doivent être ouvertes au public pour le résumé du Président et pour le prononcé des arrêts sur les incidents. La lecture du verdict du Jury et le prononcé de l'arrêt définitif doivent aussi toujours avoir lieu en audience publique.

A la fin de chaque session, le Président des Assises adresse directement au Ministre de la Justice un rapport sur les affaires qui ont été jugées. Il y rend compte du résultat de la session, du zèle, du discernement, de la capacité des jurés, et du concours plus ou moins actif que les fonctionnaires ont prêté à l'administration de la justice (Circ. min. 20 sept. 1814). Le Ministère public est aussi tenu de rendre compte au Ministre de la Justice, dans les vingt jours de la clôture de la session, du résultat des affaires qui y ont été jugées. S'il s'y présentait des affaires graves, accompagnées de circonstances extraordinaires, il devrait, en outre, rendre compte au Ministre, des arrêts rendus dans ces affaires, et, en cas d'acquittement, lui en faire connaître et apprécier les motifs (Circulaire minist., 31 mars 1817).

Nous bornons à ces quelques pages l'aperçu sommaire de la Procédure criminelle devant les Tribunaux français. Notre rapide esquisse est loin d'être complète. Mais, nous le rappelons, nous n'avons pas la prétention de présenter un cours d'Instruction criminelle, ni même d'en faire connaître tous les détails. L'ensemble de cet exposé suffira, à notre avis, pour mettre en parallèle, au point de vue pratique, comme nous nous le proposons dans cette Etude, la Procédure ordinaire devant les Tribunaux de répression en France et en Angleterre. Il nous reste, pour arriver à notre but, à exposer d'une manière aussi générale et aussi rapide, la Procédure suivie en matière criminelle en Angleterre, étude plus délicate et plus difficile pour nous, qui n'avons pu en vérifier par nous-même la pratique journalière, mais dans laquelle nous espérons apporter cependant des notions d'une scrupuleuse exactitude.

CHAPITRE III.

DE LA JUSTICE CRIMINELLE EN ANGLETERRE.

Les règles de l'instruction et de la procédure criminelle en Angleterre ne sont pas, comme en France, codifiées et établies par une seule loi facile à étudier et à suivre. Elles résultent d'un grand nombre de statuts, rendus sous divers règnes, souvent modifiés et complétés par l'usage. Nous ne trouvons pas dans les lois anglaises une classification précise entre les différentes infractions, et les règles de la compétence sont souvent déterminées plutôt par l'importance et les circonstances du délit que par sa nature elle-même. Pour simplifier autant que possible l'exposé que nous devons présenter, nous nous occuperons d'abord de l'organisation judiciaire en matière criminelle, et nous chercherons à déterminer avec autant de précision que possible la compétence de chaque juridiction, en nous bornant toutefois aux juridictions ordinaires. Nous exposerons ensuite les procédures suivies pour l'information et pour le jugement définitif devant chacune de ces juridictions.

---

§ 1er.

Organisation judiciaire des Tribunaux criminels.

L'organisation judiciaire en Angleterre est complètement différente de celle qui existe en France. Les tribunaux ne sont pas composés, comme chez nous, de magistrats nommés par le chef du gouvernement, résidant dans chacun des arrondissements où ils exercent leurs fonctions. Il n'y a, en Angleterre, que douze juges, résidant à Londres, et composant quatre grandes cours souveraines, la Cour du Banc du Roi, la Cour du Chancelier, la Cour des Plaids communs et la Cour de l'Echiquier. L'institution du ministère public y est inconnue. Il y a bien à Londres un *attorney général*, mais dont les fonctions sont complètement différentes de celles de nos Procureurs généraux et Procureurs impériaux. En principe, l'action publique est abandonnée aux parties lésées qui sont chargées d'exercer et de diriger la poursuite. Les informations n'ont lieu au nom du Roi et d'office à la requête de l'attorney général que pour les crimes qui portent atteinte à la couronne et à la paix publique, sans léser les droits d'un particulier (1). L'attorney général ne fait pas partie de la magistrature. C'est un des premiers avocats, choisi par le Roi pour le représenter dans les affaires qui intéressent l'Etat.

La justice criminelle est exercée sur la plainte et la poursuite des particuliers, dans chaque comté, par les juges de paix, agissant seuls ou avec le concours de jurés, suivant la gravité des cas, et par les Cours d'assises, siégeant dans chaque comté à des époques déterminées, sous la présidence d'un des grands juges et avec l'assistance du Jury. Examinons successivement l'organisation et les attributions de chacune de ces juridictions.

I. Des juges de paix. — Les juges de paix ne sont pas des magistrats nommés par le Roi. Il existe dans chaque comté une Commission de la paix, composée des propriétaires importants du comté, tant laïques qu'ecclésiastiques. Tout citoyen ma-

(1) Il en est autrement en Ecosse. La poursuite des crimes et délits n'y a pas lieu à la requête des particuliers, mais à la requête d'un officier du ministère public appelé *the public prosecutor*. Le public prosecutor est le premier conseiller de la couronne, *lord Advocate*. Dans chaque comté de l'Ecosse se trouve un magistrat nommé *Prosecutor fiscal*, dont les attributions sont d'informer et de poursuivre au criminel (Mac-Culloch, *Statistical account of the British empire*, t. 2, p. 366).

jeur, jouissant d'un manoir *freehold* ou *copy-hold* (1), de cent livres sterling de revenu (environ 2,500 fr. de notre monnaie), déduction faite de toute charge et de tout impôt, ou qui possède de la même manière une expectative par succession de 300 livres sterling de rente, peut être compris dans la Commission de la paix. Pour cela, il lui suffit de se faire inscrire sur la liste de cette commission par l'intermédiaire du lord lieutenant du comté, en justifiant par un simple serment qu'il possède la fortune exigée par la loi. Chaque citoyen peut prouver contre les membres de la Commission de la paix qu'ils ne possèdent pas la fortune requise, et si le fait est justifié, le membre ainsi attaqué est rayé de la liste, et condamné à une amende de 100 livres sterling, dont moitié appartient aux pauvres de la paroisse, l'autre moitié à celui qui l'a poursuivi. Tous les grands propriétaires, les princes du sang, les pairs d'Angleterre se font un honneur d'être compris dans la Commission de la paix. Ceux qui veulent en exercer les fonctions

(1) La distinction des manoirs *freeholds* ou *copy-holds* est aujourd'hui sans grande importance et disparaît chaque jour. Les *freeholds* sont des terres dont les anciens possesseurs étaient personnellement propriétaires, mais pour lesquelles ils devaient foi et hommage au seigneur suzerain. Elles étaient soumises à un cens d'un ou deux shillings payés au lord du manoir. La plupart de ces rentes ont aujourd'hui disparues par suite de la remise volontaire faite par le seigneur. Les *copy-holds* sont des terres qui paraissent avoir appartenu, dans l'origine, au seigneur du manoir, et avoir été par lui abandonnées à certaines conditions, inscrites sur les registres seigneuriaux Dans le principe, le seigneur pouvait rentrer dans la possession de sa terre soit du vivant du *copy-holder*, soit à son décès. Il avait, en outre, certains droits, comme le *heriot*, droit de prendre le meilleur des meubles ou le plus précieux des animaux appartenant au *copy-holder*, à son décès. Les *copy-holds*, dont quelques conditions rappellent celles du domaine congéable qui s'est perpétué en Bretagne, deviennent fort rares par l'usage qui s'est introduit d'affranchir ces terres, moyennant une rente convenue avec le seigneur. Cet affranchissement donne au *copy-holder* le droit de voter dans les élections du Parlement, droit qui lui est refusé tant qu'il est censé sous l'influence du seigneur du manoir.

lèvent l'acte de leur inscription, prêtent le serment prescrit par la loi, et se trouvent ainsi investis des fonctions de juges de paix. Il y a dans chaque comté, cent, deux cents et quelquefois trois cents juges de paix effectifs dont la juridiction s'étend sur tout le comté. Ils sont spécialement chargés de maintenir et assurer la paix publique.

La loi anglaise permet non-seulement de punir les délits, mais de les prévenir. Pour cela, elle donne aux juges de paix le droit d'exiger des individus qui, par des motifs probables ou d'après les plaintes ou dénonciations auxquelles ils ont donné lieu, peuvent inspirer des craintes pour leur conduite future, une garantie contre la crainte qu'ils inspirent. Cette garantie consiste en une reconnaissance souscrite envers le Roi par la personne suspecte, par laquelle elle s'oblige à payer une certaine somme fixée par le juge, dans le cas où le délit prévu serait commis. Le montant de cette reconnaissance est ordinairement de 25 à 40 livres sterling. Si l'individu soumis à cette reconnaissance n'est pas en état de la fournir, il est tenu de donner caution, et à défaut de caution, le juge de paix peut le faire détenir en prison jusqu'à ce qu'il ait trouvé quelqu'un qui réponde pour lui (1). Cette reconnaissance peut être imposée pour la vie ou pour un temps déterminé. Dans ce dernier cas, elle est éteinte par l'expiration du délai fixé. Tout citoyen qui a reçu des menaces contre sa personne ou ses propriétés, peut exiger cette reconnaissance, en faisant serment qu'il craint réellement un danger sérieux. C'est ce qu'on appelle *jurer la paix contre quelqu'un.* Dans ce cas, le juge ne peut refuser de l'ordonner. Le juge de paix peut aussi l'exiger d'office, des individus de mauvaise réputation, dont on peut craindre quelque désordre pour la paix publique, tels que les coureurs de mauvais lieux, ceux qui gardent dans leur maison des filles perdues, ceux qui tiennent des propos calomnieux contre le Roi ou les officiers de justice, etc. (Statut 34, Edouard III, chap. 1er).

(1) Blacktone, Commentaire sur les lois anglaises, liv. 4, chap. 18.

Les juges de paix ont, pour le maintien de l'ordre public, la plupart des attributions qui appartiennent chez nous aux commissaires de police. Comme juges de répression des affaires correctionnelles ou criminelles, ils exercent de trois manières, et suivant la nature ou la gravité des affaires, l'autorité qui leur est confiée. Ils jugent tantôt seuls, tantôt au nombre de deux, dans des réunions nommées *petty sessions* qui se tiennent tous les quinze jours dans les villes de marché, tantôt au nombre de deux au moins ou d'un plus grand nombre indéterminé, dans de grandes réunions appelées *general quarter sessions,* qui ont lieu tous les trois mois aux époques de Saint-Michel, de l'Epiphanie, de Pâques et de Saint-Thomas. Dans les deux premiers cas, les juges de paix statuent par voie d'*information* sur la simple audition des témoins et des parties, dans le dernier cas par voie d'*indictment*, sur un acte d'accusation dressé par les parties plaignantes.

Il serait difficile d'établir d'une manière précise la compétence des juges de paix jugeant seuls ou dans les *petty sessions.* Chaque cas est réglé par des statuts particuliers. Disons seulement que les juges de paix ne siégent seuls que pour le jugement des affaires de police ou pour imposer les reconnaissances dont nous avons parlé, destinées à assurer la paix publique. Ils jugent dans les *petty sessions* certaines affaires correctionnelles de peu d'importance, à charge d'appel aux *quarter sessions.*

Dans les *quarter sessions*, où sont appelés tous les juges de paix du comté, et où ils siégent quelquefois au nombre de quinze ou vingt, ils statuent par voie d'information sur les appels des affaires jugées en *petty sessions,* et par voie d'indictment, avec l'assistance du grand et du petit jury sur toutes les affaires correctionnelles du comté et sur les affaires criminelles ne présentant pas un certain degré de gravité. Dans l'usage, ils jugent tous les petits larcins. Aux termes des statuts, presque tous les vols entraîneraient en Angleterre la peine capitale, et devraient être renvoyés devant les Cours d'assises;

mais dans la plupart des cas, les juges de paix, au moment de l'instruction, diminuent, d'accord avec la partie plaignante, la valeur de l'objet volé, de manière à réduire cette valeur au-dessous d'un shilling, ou écartent les circonstances aggravantes de nuit, d'effraction, etc., de manière à faire rentrer ces vols dans la classe des félonies auxquelles peut s'appliquer le bénéfice du clergé, et qui sont ainsi de la compétence des *quarter sessions* (1).

La classification des crimes et délits est fort difficile à établir. On appelle *felony* tous les crimes emportant confiscation des biens personnels du condamné. Les crimes punis de la peine capitale sont en général rangés dans les félonies; et nous trouvons sous la même dénomination les vols de la plus minime importance, même au-dessous d'un shilling, parce que la peine poursuivie emporte confiscation. En dehors de la *felony*, se trouve le crime de *treason*, divisé en *petty treason*, qui comprend l'abus de confiance et tous les crimes ou délits commis par les inférieurs contre leurs supérieurs, et *high treason* qui ne s'applique qu'aux crimes commis contre le souverain. Les crimes de *high treason* sont définis par le statut 25 d'Edouard III, chap. 2. La contrefaçon de la monnaie du roi, l'importation dans le royaume de monnaies imitant celles d'Angleterre, la mort d'un juge sont considérées comme crimes de haute trahison. Tout ce qui n'est ni *felony* ni *treason* rentre dans la classe des *misdemeanors*, ou simple délit. Mais certains *misdemeanors* sont de la compétence des Cours d'as-

(1) Blacktone, liv. 4, chap. 6 : Le bénéfice du clergé, qui modifie souvent la compétence pour les crimes auxquels il s'applique, était une exemption absolue de la peine de mort que le clergé s'était attribué dans le temps de sa puissance. Il s'appliquait à tous ceux qui avaient quelque connaissance des sciences et des lettres, et il suffisait pour en réclamer l'application de savoir lire et écrire. Par suite de l'extension de l'instruction, il devint applicable à presque tous les citoyens, et il fallut pour maintenir la peine capitale, excepter, par divers statuts, certains crimes de l'application du bénéfice du clergé.

sises, et un grand nombre de félonies sont soumises aux *quarter sessions*. Cette distinction des crimes ne peut donc servir à fixer la compétence des tribunaux criminels.

En dehors de leurs attributions comme juges, les juges de paix remplissent les fonctions d'officiers de police judiciaire et de juges d'instruction. Lorsqu'un crime ou un délit a été commis, la partie lésée porte sa plainte devant un juge de paix du comté, qui, après avoir reçu le serment du plaignant, examine s'il y a des présomptions de culpabilité, et, dans ce cas, délivre un *warrant*, ordre adressé au constable (officier de paix qui répond à nos commissaires de police) d'amener devant lui le prévenu, et de saisir les pièces pouvant servir à la conviction du coupable. En exécution de ce *warrant*, l'inculpé est arrêté et amené devant le juge de paix, qui procède de suite à son interrogatoire. Le plaignant et les témoins sont également entendus, tous isolément, et, suivant la gravité des soupçons et des présomptions qui s'élèvent contre le prévenu, le juge ordonne qu'il sera conduit en prison ou remis en liberté. Le prévenu qui doit être conduit en prison peut offrir caution de se représenter pour répondre aux imputations portées contre lui. En principe, la caution doit être admise pour tout délit moindre qu'une félonie, excepté dans certains cas prévus par les statuts ou par divers actes du Parlement. Au jour fixé par le juge, le plaignant, assisté de son *attorney* (1), et les témoins se présentent devant lui; le prévenu y est également amené et peut être assisté d'un *attorney*: Les déclarations du plaignant, les dépositions des témoins, les aveux ou réponses du prévenu sont consignées par écrit. Ces informations, qui constituent toute l'instruction préparatoire, ont lieu ordinairement dans une salle ouverte au public. Après cette instruction, le juge, suivant la nature du crime et la gravité des charges, met le prévenu en liberté pure et simple, ou sous caution, ou décerne contre lui un nouveau *warrant*, en vertu duquel il est

(1) L'attorney est un Conseil qui répond à nos avoués.

conduit dans la prison du comté, et remet les pièces à conviction entre les mains du constable ou même entre celles du plaignant. Il examine ensuite devant quel tribunal doit être renvoyé le prévenu, soit devant la Cour d'assises, soit devant les *quarter sessions*, et soumet le plaignant et les témoins à une reconnaissance qui est ordinairement de 40 livres sterling (1,000 fr. environ) qu'ils s'obligent à payer à titre d'amende s'ils ne se présentent pas au jour des Assises ou des *quarter sessions*, l'un pour poursuivre l'inculpé, les autres pour déposer des faits à leur connaissance (1). Le prévenu contre lequel est décerné un *warrant* après instruction, peut, en vertu de la loi d'*habeas corpus*, s'adresser à la Cour du Banc du Roi, et demander sa mise en liberté, en soutenant qu'il n'existe contre lui aucune présomption sérieuse de culpabilité. La Cour du Banc du Roi examine alors les pièces et peut ordonner, soit la mise en liberté, s'il n'existe véritablement aucune charge grave contre le prévenu, soit le maintien en prison. Cette procédure est excessivement rare dans la pratique, les juges de paix ayant soin de ne délivrer le *warrant* pour détention préventive que lorsqu'il existe contre le prévenu de graves présomptions.

L'instruction préparatoire en Angleterre se borne à un interrogatoire sommaire du plaignant, des témoins et du prévenu; aucune constatation n'est faite sur les lieux, aucune recherche n'a lieu pour arriver à la découverte de la vérité. La loi anglaise se repose pour la répression des crimes sur l'intérêt de la partie lésée. Il n'y a qu'une seule exception, le cas de meurtre, dans lequel des constatations ont ordinairement lieu. Il existe dans chaque comté des officiers de police nommés *coroners*, choisis par les citoyens *freeholders*, habitant le comté, et chargés de constater, avec l'assistance de douze témoins pris sur les lieux, les cas de mort violente, et de recueillir tous les renseignements sur les assassinats. A défaut de plaignant, les

(1) Cottu, de l'*Administration de la Justice en Angleterre*, p. 36.

coroners peuvent poursuivre d'office l'individu prévenu du meurtre.

Outre le cas d'arrestation, en exécution du *warrant* délivré par le juge de paix sur la plainte de la partie lésée, les individus prévenus de crimes ou de délits peuvent être arrêtés dans certains cas prévus par la loi. Ainsi, tout magistrat, shérif, juge de paix, les officiers de police judiciaire, et même les gardes de nuit et de jour, peuvent arrêter, sans *warrant*, les individus commettant quelque félonie ou autre délit en leur présence. Les constables peuvent aussi, en cas de félonie, arrêter le délinquant, même dans son domicile, s'il y a présomption grave contre lui. Tout citoyen, témoin d'un acte de félonie, est aussi tenu d'arrêter le coupable, et peut être condamné personnellement à l'amende et à la prison, s'il le laisse échapper. Enfin l'arrestation des coupables peut avoir lieu *by hue and cry*, sur la clameur publique. La clameur publique se forme par ordre du juge de paix, d'un officier de police, ou par la simple notoriété, lorsque les citoyens ont connaissance d'une félonie. L'ordre d'arrestation *by hue and cry*, lorsqu'il est donné par le juge, est communiqué aux constables, qui doivent le répandre dans les communes voisines. Pour encourager l'arrestation des coupables, quelques statuts accordent des primes ou récompenses pécuniaires à tout citoyen qui arrête un prévenu ainsi poursuivi (1). L'individu arrêté de ces diverses manières est conduit devant le juge de paix, qui l'interroge et procède à l'instruction préparatoire dans la forme que nous avons indiquée. S'il résulte de l'information, présomption suffisante de culpabilité, le juge de paix rend une ordonnance nommée *commitment*, en vertu de laquelle le prévenu est conduit dans la prison du comté jusqu'au jour des Assises ou des quarter sessions, sauf les cas où il peut obtenir sa liberté sous caution, ou une déclaration d'*habeas corpus*, ainsi que nous l'avons exposé.

(1) Blacktone, liv. 4, ch. 21.

II. Des Assises. — Les Assises criminelles auxquelles sont soumis l'examen et le jugement des crimes les plus graves, se tiennent deux fois par an dans chaque comté, à l'exception de Londres et du Middlesex, où elles se réunissent huit fois chaque année. L'Angleterre est divisée en six circuits qui comprennent tous les comtés. Deux des grands juges sont commissionnés par le Roi pour juger, avec l'assistance du Jury, les affaires civiles et criminelles. Ils déterminent, d'après la connaissance approximative qui leur est donnée du nombre des affaires, le jour de l'ouverture des Assises dans chacune des villes du circuit. Les juges sont reçus dans chaque ville avec une grande solennité, par le *shérif* (1) et les plus riches habitants, au son des cloches et des trompettes. Le jour déterminé pour l'ouverture de la Commission du Roi, l'un des juges se rend avec le shérif à l'audience et y lit publiquement la Commission. L'audience est ensuite remise au lendemain. Le lendemain, le juge, chargé de présider la Cour criminelle, se rend à l'audience avec grand cérémonial, et accompagné du *shérif* qui doit rester en personne auprès de lui pendant tout le temps des Assises. Le juge chargé de tenir les Assises a mission d'*oyer and terminer* et de *gaol delivery*, d'ouïr et terminer et de vider les prisons. Tous les prévenus doivent être jugés pendant les Assises. Sous aucun prétexte, on ne peut renvoyer l'affaire à une autre session, à moins que ce ne soit sur la demande du prévenu et dans l'intérêt de sa défense. Si les preuves ne sont pas toutes réunies, ou s'il manque quelque témoin, l'accusé en profite, et est jugé sur les seules preuves existantes. Il peut

(1) Le shérif est, après le lord-lieutenant du comté, le premier officier de la province. Il a, sous bien des rapports, les attributions de nos préfets. Les fonctions de shérif sont gratuites et entraînent de lourdes charges. Elles ne durent qu'une année. Tous les ans, le shérif en exercice remet aux juges, lors des Assises, une liste de six personnes capables, par leur position de fortune et leur considération, de remplir ces fonctions. Ces listes sont examinées à Londres par les douze grands Juges qui choisissent, sur chacune d'elles, un nom, présenté à la nomination du Roi.

cependant arriver, mais seulement dans les cas fort graves, que le juge, sur le serment du poursuivant ou de son *attorney*, constatant l'absence imprévue d'un témoin important, renvoie l'affaire aux prochaines Assises; mais alors le prévenu doit être mis en liberté sous caution, à moins qu'il ne s'agisse d'un assassinat ou de quelque grand crime prévu par la loi.

Pour assurer l'exécution de la Commission d'*oyer and terminer*, la liste de tous les individus enfermés dans la prison du shérif, est imprimée, lors de l'ouverture des Assises, par le gouverneur de la prison et sous sa responsabilité. Cette liste, appelée *crown-calendar*, est distribuée dans tout le comté. A la fin des Assises, une liste des arrêts rendus, est également imprimée et publiée, de manière à ce que tout le monde puisse savoir comment le juge a rempli sa mission. Il est d'usage, bien qu'aucune loi ne le prescrive, d'imprimer et de publier des listes semblables au commencement et à la fin des *quarter sessions*.

Les Cours d'assises statuent, avec l'assistance du grand Jury, sur la mise en accusation, et, avec l'assistance du petit Jury, sur le jugement des affaires criminelles renvoyées devant elles par le juge de paix qui a procédé à l'instruction. Avant d'examiner la procédure suivie pour ces jugements, il est nécessaire de connaître l'organisation du grand et du petit Jury.

III. Du Jury. — Le Jury est une des plus anciennes institutions de l'Angleterre. Il fonctionne non seulement pour le jugement des affaires criminelles, mais pour le jugement des procès civils. Nous n'avons à nous occuper ici que de son organisation et de ses attributions au point de vue des affaires criminelles. Il existe en Angleterre deux espèces de Jurys criminels, le grand Jury qui statue sur la mise en accusation; le petit Jury qui constate les faits imputés au prévenu. Ces deux Jurys fonctionnent non seulement dans les Cours d'assises, mais dans les *quarter sessions*, et, dans les deux cas, ils ont la même organisation et suivent les mêmes formes.

Le grand Jury, ou Jury d'accusation, se compose des principaux propriétaires du comté et de tous les membres de la Commission de la Paix. Aucune loi ne détermine les qualités ou conditions nécessaires pour en faire partie; mais il est d'usage de n'y appeler que les personnes les plus considérables par leur fortune et la considération dont elles jouissent dans la province. Les jurés sont nommés par le shérif. On regarde comme un honneur de faire partie du grand Jury, et, bien que vingt-trois personnes seulement soient nécessaires pour le composer légalement pour chaque session, la liste de chaque comté comprend souvent une centaine de noms. Mais les vingt-trois premiers sont seuls appelés à siéger. Aucun des jurés d'accusation ne peut être récusé. Leurs décisions sont prises à la simple majorité : mais il faut que cette majorité se compose de douze voix au moins. Si quelques-uns des jurés sont absents ou excusés, le grand Jury peut fonctionner à un nombre inférieur de vingt-trois, pourvu qu'ils se trouvent au moins douze. Si ce cas se présentait, il faudrait qu'ils soient unanimes, la mise en accusation ne pouvant être prononcée qu'autant qu'il y a assentiment de douze personnes, quelque soit le nombre des jurés présents.

Le petit Jury, ou Jury de jugement, est également nommé par le shérif. Tout citoyen ayant un revenu de dix livres sterling (250 fr.) en terres *freeholds* ou *copy-holds*, doit être porté sur la liste. Les ministres, les pairs d'Angleterre, les officiers et soldats des armées de terre et de mer, les personnes dans les ordres sacrés, les avocats, procureurs et officiers des Cours, les chirurgiens et médecins, les quakers et les vieillards de 70 ans sont exemptés des fonctions de jurés. Des actes du Parlement déterminent pour chaque comté les intervalles qui doivent exister entre les appels successifs des jurés. Dans le Yorkshire, ils ne peuvent être appelés que tous les quatre ans, dans le Lancashire, tous les trois ans. Divers statuts déterminent aussi, dans quelques comtés, le revenu nécessaire pour être juré d'Assises. A défaut de loi, le shérif indique pour les Assises, les plus riches, et réserve les autres pour les *quarter sessions* qui entraînent moins de frais personnels. Chaque année, vers le 1er octobre, les constables dressent la liste de tous les citoyens de la commune qui, d'après leur revenu, doivent être portés sur la liste des petits jurés. Cette liste est affichée pendant vingt jours, et chaque citoyen peut élever des réclamations pour y obtenir son inscription ou sa radiation. Si le constable refuse de faire droit à une réclamation, il est cité devant le juge de paix, qui décide si elle est bien ou mal fondée. Les listes de chaque commune sont ensuite adressées au clerc ou greffier de la justice de paix du comté, qui compose, par leur réunion, la liste générale du comté et la remet au shérif. C'est sur cette liste que celui-ci choisit, chaque année, le nombre des jurés nécessaires pour les service des Assises et des *quarter sessions*.

Les petits jurés statuent au nombre de douze et à l'unanimité. Comme plusieurs peuvent être récusés, il est d'usage d'en désigner quarante-huit pour chaque session. Les accusés et le plaignant ont le droit d'exercer des récusations, ou sur la liste entière du jury choisi par le shérif pour la session, *challenge to the array*, ou contre quelques-uns des jurés en particulier, *challenge to the polls*. Ces récusations s'exercent de deux manières : 1° par la voie de *principal challenge*, fondée sur des faits dont l'existence suffit pour faire supposer un manque d'impartialité de la part du shérif, auquel cas la liste serait annulée, ou sur des faits de nature à rendre suspect un des jurés, qui doit alors être rayé de la liste ; ces faits sont ordinairement un degré de parenté, l'existence d'un procès avec l'une des parties, etc. ; 2° par la voie de *challenge to the favour*, fondée sur des faits susceptibles d'appréciation, par exemple l'existence de quelque relation entre le shérif ou l'un des jurés et l'une ou l'autre des parties en cause. De plus, les accusés de certains crimes, félonies ou trahisons pouvant entraîner la peine capitale, peuvent récuser un certain nombre de jurés, sans être tenus d'en alléguer aucun motif. C'est ce qu'on appelle *the peremptory challenge*. Le nombre des récusations est fixé à trente-cinq dans les cas de haute ou petite trahison, à vingt dans le cas de meurtre ou de félonie. Les récusations qui passeraient ce nombre seraient considérées comme non avenues. Enfin, un dernier mode de récusation, appelé *challenge for default of the hundredors*, a lieu toutes les fois que la liste ne contient pas au moins deux citoyens de l'arrondissement où le crime a été commis, ou lorsque les jurés de l'arrondissement ont fait défaut ou sont déclarés récusables.

Malgré les cas nombreux que nous venons d'énoncer, les récusations sont assez rares, par suite du soin apporté par le shérif à la composition de la liste, et la seule récusation qui se présente habituellement dans la pratique est la *peremptory challenge*, faite sans alléguer de motifs, dans les cas où la loi la permet. Si d'autres moyens de récusations sont présentés par l'accusé ou la partie plaignante, la Cour nomme deux arbitres, nommés *triers*, pour juger les causes de la récusation. Si elle porte sur toute la liste *to the array*, les *triers* sont pris parmi les *attorneys* et *coroners* présents à l'audience. S'il s'agit d'un *principal challenge*, ils n'ont qu'à constater le fait allégué. S'il s'agit d'un *challenge to the favour*, ils apprécient en outre l'influence qu'a pu avoir le fait allégué sur les choix faits par le shérif. Les *triers* entendent les témoins, examinent les preuves produites à l'appui de la récusation, et rendent ensuite leur décision, en écrivant au bas de l'acte de *challenge* : *affirmed*, la liste est confirmée, s'ils repoussent la récusation; ou dans le cas contraire, *a trüe challenge*, la récusation est fondée (1). Si la liste du jury de la session se trouve ainsi annulée, la Cour charge les *coroners* présents d'en former une nouvelle; s'il arrive que cette seconde liste soit également récusée, la Cour nomme deux citoyens chargés d'en former une troisième qui n'est pas susceptible de récusation. Lorsque la récusation a lieu *to the polls*, seulement contre quelques-uns des jurés, elle est appréciée par les autres jurés non récusés.

(1) Cottu, p. 85.

La récusation peut être faite par l'accusé au moment où le juré est appelé pour prêter serment. Dans l'usage, la liste des jurés étant communiquée aux *attorneys* chargés de la défense, quelques jours avant l'audience, ceux-ci font connaître au greffier les noms des jurés qu'ils ont l'intention de récuser, et leur nom n'est pas appelé. L'accusé étranger peut demander que le jury soit composé pour moitié de citoyens anglais, et pour l'autre moitié de citoyens de sa nation s'il s'en trouve dans la ville, sinon de citoyens d'une nation étrangère. Ces derniers n'ont pas à justifier d'un revenu déterminé. S'il arrivait que par suite de récusations individuelles, ou de l'absence de quelques jurés, il ne s'en trouvât plus un nombre suffisant pour l'audience, le juge ordonnerait au shérif de compléter immédiatement ce nombre, au moyen de personnes prises à l'audience et ayant les qualités légales exigées pour faire partie du Jury. S'il ne s'en trouvait pas, le shérif pourrait appeler à siéger les personnes présentes reconnues pour avoir un revenu de 5 livres sterling. Ce cas se présente fort rarement dans la pratique depuis que l'usage s'est introduit de porter sur la liste de session quarante-huit jurés, au lieu de douze nécessaires pour le jugement.

Le foreman ou chef des jurés est toujours une des personnes les plus influentes du comté, ou le juré le plus instruit parmi ceux qui se trouvent sur la liste. Il est désigné par le shérif, et ce choix est regardé comme un tel honneur que celui qui en est revêtu, n'hésite pas à sacrifier ses affaires personnelles les plus sérieuses, pour en remplir les fonctions.

Les jurés de jugement, ou petits jurés, sont obligés de rendre leur verdict à l'unanimité. Lorsqu'ils entrent dans la chambre de leurs délibérations, le greffier fait prêter, à un officier de la Cour, serment de les garder, sans feu, sans lumière, sans manger ni boire jusqu'à ce qu'ils aient rendu leur verdict (1).

(1) Nous transcrivons la formule assez curieuse de ce serment :
You shall well and truly keep this jury, without meat, drink, fire or

Dans l'usage, le juge adoucit cette rigueur en leur permettant de prendre quelque nourriture. Il est du reste fort rare que les délibérations se prolongent assez longtemps pour que la sévérité de la loi, à cet égard, devienne une gêne pour les jurés. Le jury ne fonctionne pas, comme en France, avec une complète liberté, ne devant écouter que sa conscience et sa conviction. Il se conforme, pour l'appréciation des preuves, à des faits traditionnels qu'on nomme les règles de l'évidence, *rules of evidence*. Au besoin, le juge président rappelle les jurés à l'observation de ces règles, et prépare, en quelque sorte, le verdict par sa direction et ses avertissements. Sous ce contrôle du magistrat, en présence d'une démonstration quelquefois artificielle, mais d'une grande apparence logique, l'unanimité se déclare facilement. Les jurés n'ont à consulter que leur bon sens; il faut que les preuves soient patentes pour qu'ils prononcent une condamnation. Aussi leurs verdicts sont ordinairement rendus fort promptement, souvent même sans entrer dans la chambre des délibérations, et la nécessité légale de l'unanimité ne crée pas les difficultés et les lenteurs que l'on pourrait supposer.

---

§ 2.

Procédure devant les Tribunaux criminels.

La procédure, devant les tribunaux criminels de l'Angleterre, est de deux sortes. Elle se fait par voie d'*information* pour les affaires soumises aux juges de paix, statuant seuls ou dans les

candle; you shall no suffer any persons to speak unto them nor yourself, unless it be to ask them wether they are agreed of their verdict; untill they shall be agreed of their verdict.

petty sessions, et s'appelle aussi, dans ce cas, procédure sommaire, et par voie d'*indictment*, devant les quarter sessions et les cours d'assises. Nous n'aurons pas à suivre la procédure devant chacun des quatre tribunaux criminels puisqu'elle est la même devant les cours d'assises et les quarter sessions. Nous examinerons successivement, et pour plus de clarté, les deux modes de procédure que nous venons d'indiquer.

I. Procédure par information. — Cette procédure est excessivement simple. Le juge de paix, saisi d'une plainte ou de la dénonciation d'un délit, appelle devant lui, siégeant seul ou en petty sessions, suivant la compétence déterminée par les statuts et actes du Parlement, le plaignant, le prévenu et les témoins. La partie lésée expose les faits dont elle se plaint, les témoins sont entendus et le prévenu est interrogé en audience publique. Si les faits ne sont pas justifiés ou ne constituent pas un délit puni par la loi, le juge renvoie le prévenu de la plainte. Dans le cas contraire, il fait à celui-ci l'application de la peine. Sa décision est rendue par écrit, et il peut immédiatement décerner une ordonnance pour emprisonner le condamné, s'il y a peine corporelle, ou même simplement pour le recouvrement de l'amende poursuivie. Quelques formes spéciales sont prescrites par les statuts pour certains délits. Mais, en général, le prévenu est acquitté ou condamné par la simple opinion du juge, formée par l'audition du plaignant et des témoins.

Cette procédure sommaire, appliquée dans l'origine à un très-petit nombre de cas, a été fort étendue par des actes du Parlement, à ce point que quelques auteurs ont manifesté la crainte d'y voir une atteinte à l'institution du jury (1). Ainsi, les contraventions aux lois de l'exercice et revenus de l'Etat, l'ivresse, la fainéantise, le vagabondage, autrefois renvoyées devant les jurés, sont aujourd'hui de la compétence du juge de paix. On y trouve une grande simplification et une célérité utile pour le jugement des contraventions, pour lesquelles la

(1) Blacktone, liv. 4, chap. 20.

procédure suivie devant les jurés était sans aucune utilité réelle.

L'appel du jugement rendu par les juges de paix en petty sessions, est porté devant les quarter sessions ; dans ce cas, ces tribunaux statuent eux-mêmes par voie d'information, c'est-à-dire sur la seule audition des parties et des témoins et sans l'assistance des jurés.

II. Procédure par voie d'indictment devant les Quarter sessions et les Cours d'assises. — La procédure par voie d'indictment a lieu sur un acte d'accusation soumis à l'examen du grand jury. Nous avons dit que les *quarter sessions*, tribunaux réunis tous les trois mois dans chaque comté, étaient tenus par deux juges de paix au moins, et souvent par un plus grand nombre. Le shérif doit y assister en personne ou s'y faire représenter par l'under-shérif. Les coroners, les constables, les baillifs et autres officiers de police sont tenus de s'y rendre. Le plaignant et l'accusé y sont accompagnés d'avocats ou attorneys, ce qui donne à leurs audiences une solennité presque égale à celles des Cours d'assises. Les sessions durent ordinairement de deux à dix jours. Si ce temps ne suffit pas pour terminer les affaires qui y sont portées, les juges de paix ajournent la session à un jour très-prochain, et souvent dans un lieu différent pour éviter le déplacement des témoins éloignés, en sorte que la plupart des comtés, qui ne devraient avoir légalement que quatre sessions, en ont souvent un plus grand nombre. Ainsi, le comté de Lancastre en compte ordinairement seize par année et le comté d'York en a jusqu'à cinquante-huit (1).

Les assises qui, nous l'avons dit, se tiennent deux fois par année dans la plupart des comtés, sont présidées par un des grands-juges. Le shérif y assiste en personne et siége à côté du juge. Les hauts constables, les juges de paix, les coroners doivent y assister. L'audience de la Cour s'ouvre par la lecture

Cottu, *Adm. de la Justice crim.*, p. 31.

des noms de tous les membres de la commission de la paix, puis par celle des coroners et hauts constables qui, à mesure qu'ils sont appelés, remettent sur le bureau les procès-verbaux ou pièces qu'ils peuvent avoir entre les mains et relatives aux affaires à juger pendant la session.

La procédure est la même devant les quarter sessions et devant les assises. Aussitôt après l'ouverture de l'audience, il est procédé à l'appel du grand-jury. Puis le foreman, ou chef du jury prête le serment suivant qui est lu par le greffier : « Vous devez faire une enquête exacte et rendre une décision conforme à la vérité sur tous les articles, matières et choses qui vous seront présentées comme charges, ou qui par tout autre moyen seraient venues à votre connaissance, touchant le service pour lequel vous êtes appelé. Vous devez garder le secret sur tous les renseignements qui vous arriveront, soit de la part des officiers du Roi, soit de vos propres relations, soit de celles de vos collègues. Vous ne devez mettre personne en accusation par haine, malice ou mauvaise volonté, ni déclarer à l'égard de qui que ce soit, qu'il n'y a pas lieu à accusation par crainte, faveur ou affection, ou par aucune espérance de récompense; mais dans l'exercice de vos fonctions, vous devez agir suivant la vérité, toute la vérité, rien que la vérité, et dans toute la sincérité de votre intelligence et des lumières que vous aurez recueillies. Qu'ainsi, Dieu vous soit en aide. » Le foreman répond : *Je le jure.* Puis le greffier lit le serment que prête chaque juré dans les termes suivants : « Le même serment que votre foreman a prêté devant vous pour ce qui le regarde, vous et chacun de vous devez le prêter en ce qui vous concerne. Qu'ainsi, Dieu vous soit en aide. »

Après l'appel du grand-jury, on procède immédiatement à celui des petits-jurés. L'appel terminé, le juge-président rappelle aux grands-jurés les devoirs qu'ils ont à remplir, les principes qui doivent les diriger, et leur fait quelques observations sur les affaires qui leur sont soumises. Il leur remet l'indictment ou acte d'accusation qui a été dressé après l'instruction préparatoire par la partie plaignante. Les jurés se retirent ensuite dans leur chambre de délibération où ils se forment en tribunal, sous la présidence du foreman. Le plaignant, ou *prosecutor* de la première affaire se présente devant eux avec ses témoins. Il expose le sujet de sa plainte et les circonstances du crime dont il se prétend victime; les témoins sont entendus; le prévenu n'est pas appelé. S'il résulte de l'enquête, charges suffisantes contre l'accusé, et que le jury déclare à la majorité de douze voix qu'il y a lieu à accusation, le foreman écrit au bas de l'indictment ces mots : *true bill*. Le jury peut, d'après les dépositions des témoins, changer le caractère du délit, et déclarer que le prévenu d'un crime présenté comme assassinat, *murder*, doit être mis en accusation sous la seule prévention d'homicide par imprudence et sans préméditation, *manslaughter*. Le foreman écrit dans ce cas au bas de l'indictment, *true bill for manslaughter*. Si le jury déclarait qu'il n'y a pas lieu à accusation, le chef du Jury mettrait la formule *no bill*, et le prévenu serait de suite remis en liberté.

Dès que les jurés ont déclaré qu'il y a lieu à accusation dans une affaire, ils rentrent à l'audience publique et remettent leur décision au greffier, qui la lit à haute voix; puis ils se retirent dans leur chambre pour examiner une autre affaire. Pendant ce temps, il est procédé au jugement de l'affaire sur laquelle ils ont rendu un verdict d'accusation. Les affaires sont ainsi expédiées avec une grande célérité, les jurés de jugement statuant sur les premières affaires, pendant que le grand Jury continue l'examen des autres. Les témoins ne sont ainsi déplacés qu'une fois; mais il est impossible d'indiquer d'une manière précise le jour exact où chaque affaire sera jugée, en sorte que tous les témoins qui doivent être entendus pendant la session, sont cités pour le premier jour, et doivent rester à l'audience jusqu'à la décision du procès pour lequel ils sont appelés.

Dès que le grand Jury a rendu son verdict d'accusation, l'accusé est amené à l'audience. Le greffier lit à haute voix l'indictment rédigé contre lui par la partie plaignante, et annonce que cet indictment a été trouvé fondé par le Jury d'accusation. Il demande ensuite au prévenu s'il veut plaider *guilty* ou *not guilty*, c'est-à-dire s'il se reconnaît coupable, ou se prétend innocent. S'il se reconnaît coupable, et que le crime qui lui est imputé emporte la peine capitale, le juge l'en avertit et lui déclare qu'il est de son intérêt de se défendre. Le greffier, les avocats, celui du *prosecutor* lui-même, l'engagent à conserver la chance d'être acquitté. Si, malgré ces sollicitations, l'accusé persiste à se reconnaître coupable, il est reconduit en prison, et condamné sur son simple aveu, sans aucun débat.

Lorsqu'au contraire l'accusé plaide *not guilty*, le greffier lui demande comment il veut être jugé, il répond : *Par Dieu et par mon Pays* (1). Puis le greffier l'avertit en termes solennels, consacrés par la loi, qu'il va procéder au tirage des jurés. Dans la pratique, ce tirage n'a pas lieu, comme il le devrait légalement, par la voie du sort; le greffier se borne à appeler au hasard douze noms pris sur la liste de la session. Pour plus de promptitude, on amène souvent tous les accusés qui doivent être jugés dans la journée, et on tire pour eux un seul et même Jury. C'est à ce moment et avant la prestation de serment des jurés, que les accusés peuvent exercer les récusations dans les cas et suivant les formes que nous avons exposées. Lorsque douze noms ont été appelés sans récusation, l'huissier prononce la formule du serment en ces termes : « You shall well » aud truly try, aud true deliverance make between our so- » vereign lord the King aut the prisoner at the bar, whom you

(1) Cette formalité, sans signification aujourd'hui, paraît remonter au temps des jugements par les épreuves du feu, de l'eau, etc. Ces termes exprimaient alors que l'accusé préférait être jugé par les juges du pays qu'au moyen de ces épreuves.

» shall have in charge aud a true verdict give according to » the evidence. So help you God. » Vous devez juger suivant votre conscience et la vérité, le différend qui existe entre notre souverain le Roi et le prisonnier qui est à la barre, et rendre un juste verdict conformément à l'évidence. Qu'ainsi Dieu vous soit en aide. Chaque juré répond, en baisant le livre de l'Evangile : *Je le jure.* L'huissier se tourne alors vers l'auditoire, et fait en termes solennels la proclamation suivante : « Si quelqu'un de vous a quelque information à donner à Messeigneurs les juges du Roi, à l'attorney général du Roi, ou au serjeant du Roi (1), sur quelque crime, félonie, ou *misdemeanors* commis par le prisonnier, qu'il paraisse et se fasse entendre; car le prisonnier attend sa délivrance; et que tous ceux qui sont engagés par leurs reconnaissances à donner évidence contre le prisonnier paraissent aussi, et donnent leur évidence; sinon ils seront condamnés au paiement de leurs reconnaissances » (2). Puis, le greffier fait lever la main à l'accusé, et adresse aux jurés les paroles suivantes : « Vous qui êtes du Jury, regardez le prisonnier, et faites attention à son procès. Il est accusé de tel crime (il lit l'indictment); sur cet indictment, il lui a été demandé s'il était coupable ou non coupable; il a répondu : non coupable, et il s'en est rapporté au jugement de Dieu et de son pays. C'est vous qui êtes son pays; votre devoir est donc de rechercher s'il est ou non coupable du crime dont il est accusé. »

Après l'accomplissement de ces formalités, l'avocat de la partie plaignante expose les faits de la cause, d'une manière fort simple, et sans invectives ni réflexion sur la gravité du

(1) On donne le titre de serjeant du Roi à l'avocat du poursuivant, qui est toujours censé agir au nom du Roi.

(2) Nous avons sous les yeux le texte anglais de toutes ces formules et proclamations, que nous traduisons le plus exactement possible. Nous ne donnons en anglais, pour ne pas étendre inutilement cette étude, que celles qui nous ont paru présenter le plus d'intérêt.

crime ou la perversité du coupable. Il est interdit à l'avocat de provoquer les sentiments que doivent inspirer les faits qu'il signale. L'avocat, après cet exposé, appelle lui-même les témoins et les interroge. Chacun d'eux, avant de déposer, prête le serment suivant qui est lu par l'huissier : « The evidence wich you shall give to the court and jury sworn between our sovereign lord the King and the prisoner at the bar, shall be the truth, the whole truth, and nothing but the truth. So help you God. » La preuve que vous allez donner à la Cour et au jury entre notre souverain le Roi et le prisonnier doit être la vérité, toute la vérité, et rien que la vérité. Qu'ainsi Dieu vous soit en aide. » Après l'interrogatoire de chaque témoin par l'avocat du poursuivant, l'avocat de l'accusé, s'il en a un, l'interroge à son tour, soit pour provoquer des contradictions, soit sur des faits favorables à l'accusé. Cet examen s'appelle *cross-examination*. Il est fait par le juge lui-même dans l'intérêt de l'accusé, si celui-ci n'a pas de défenseur. Mais si chaque partie a son conseil, le juge reste complètement étranger aux interrogatoires, et se borne à prendre note des questions faites à l'accusé et de ses réponses. A la fin de chaque déposition, l'accusé est averti qu'il peut adresser lui-même au témoin les questions qu'il peut désirer faire dans l'intérêt de sa défense. Les témoins à décharge sont interrogés par l'avocat de l'accusé, et la *cross-examination* est faite à leur égard, par l'avocat du poursuivant.

Les défenseurs des parties ne prennent pas la parole après les dépositions des témoins. Les jurés sont abandonnés à l'impression qu'ont faite ces dépositions sur leur esprit. Le juge se borne à résumer l'affaire, le plus souvent en lisant simplement, et sans réflexion, les notes qu'il a recueillies pendant les débats. En général, il se montre plutôt favorable que contraire à l'accusé, qui est toujours traité, à l'audience, avec une grande douceur et une grande humanité. Il n'y a pas, en Angleterre, la possibilité d'admettre des circonstances atténuantes, sans les déterminer, et dans le seul but de diminuer la peine. Le fait seul, avec ses circonstances diverses et véritables doit être constaté par le Jury. Mais la pitié que l'on témoigne aux accusés est poussée à ce point qu'on les empêche souvent d'avouer ou reconnaître les faits et circonstances qui aggraveraient leur position. Le greffier, les avocats, le juge lui-même les engagent à se taire, lorsqu'ils entrent dans des détails qui pourraient leur nuire ; mais lorsqu'un fait est constant, une circonstance précisée, les jurés prononcent leur verdict avec une grande inflexibilité. Le serment qu'ils ont prêté les oblige à juger, d'après l'évidence, et aucune considération ne les fait sortir de ce devoir, en sorte qu'on ne voit pas, comme en France, des verdicts par lesquels l'accusé est déclaré non coupable, lorsque le fait est constant et que lui-même ne le conteste pas. Cette habitude de juger, d'après la seule évidence, rend, en général, fort courtes les délibérations des jurés. Ils constatent le fait, et, si la preuve n'est pas suffisante, ils n'hésitent pas, et le juge lui-même les engage à rendre un verdict favorable à l'accusé. Souvent même ils n'entrent pas dans la chambre des délibérations ; ils se groupent un instant autour du foreman, et, s'ils arrivent à l'unanimité exigée par la loi, ils rendent de suite leur verdict, en ces termes fort simples : *guilty*, coupable ou *not guilty*, non coupable. Ce mode de verdict, le plus fréquent, s'appelle *général verdict*, parce qu'il répond à toutes les questions. Mais il peut arriver que les jurés aient quelque doute sur la qualification légale des faits qu'ils reconnaissent comme constants, par exemple sur le point de savoir si ces faits constituent un véritable assassinat, *murder*, ou un simple meurtre sans préméditation, *manslaughter*. Dans ce cas, ils rendent un verdict spécial, constatant les faits qu'ils déclarent reconnus et prouvés contre l'accusé, et laissent au juge le soin de les qualifier.

Les condamnations ne sont pas prononcées, comme en France, immédiatement après le verdict du Jury, si ce n'est dans le cas de meurtre. Après la lecture du verdict, l'accusé est reconduit en prison, et ce n'est qu'à la fin de la session que toutes les condamnations sont prononcées ensemble. Tous les condamnés à la même peine sont compris dans la même sentence; ce moment est assez solennel. Dans presque toutes les sessions, il y a des condamnations à mort, un grand nombre de crimes emportant la peine capitale ; et bien que, dans la plupart des cas, cette peine reçoive une commutation, elle doit être prononcée par le juge. Cette condamnation est prononcée par le juge, la tête couverte d'un voile noir. Il adresse ensuite aux coupables un discours sévère, dans lequel il retrace l'énormité de leur crime, et la nécessité, pour la société, de se sauvegarder contre leur perversité par la peine de mort.

Si le verdict du Jury paraît à la Cour contraire à l'évidence, le juge peut faire aux jurés un nouvel exposé de l'affaire et l'engager à changer sa décision. Si cette décision est favorable à l'accusé et que le Jury y persiste, le juge est obligé de prononcer l'acquittement, à moins qu'il ne suppose mauvaise foi ou corruption de la part de quelques-uns des jurés. Dans ce cas, il peut suspendre l'acquittement, et en référer au Roi, qui ordonne la poursuite du Jury, ou de ceux des jurés soupçonnés, par voie d'*attaint*. Cette poursuite est faite dans les formes ordinaires; si les jurés sont déclarés coupables de corruption, le verdict est annulé et l'accusé renvoyé devant un nouveau Jury. Dans le cas contraire, l'acquittement devient définitif. Si le verdict, qui paraît à la Cour contraire à l'évidence, était rendu contre l'accusé, et qu'il soit maintenu malgré les exhortations du juge, la peine devrait être prononcée; mais le juge peut dans ce cas suspendre l'exécution de la sentence; et, à son retour à Londres, il rend compte de l'affaire aux douze grands Juges, leur communique les notes qu'il a recueillies à l'audience ; s'ils pensent aussi que le verdict est contraire à l'évidence, ils en font un rapport au Roi, qui accorde grâce entière au condamné. Ces cas sont fort rares, les jurés se montrant rarement disposés à condamner un accusé contrairement à l'avis du juge, qui, d'ailleurs, engage souvent, dans ce cas, l'avocat du *prosecutor* à renoncer aux poursuites, ce qui entraîne un verdict de *not guilty*, à défaut de partie poursuivante.

En dehors des cas de poursuite ordinaire, en exécution du renvoi par le juge de paix de l'affaire aux Assises et aux quarter sessions, le plaignant, dont la plainte a paru trop légère au juge de paix, peut, au moment des Assises, se présenter lui-même aux grands Jurés, avec un bill d'indictment et ses témoins, et demander la mise en accusation. S'il l'obtient, le prévenu est de suite arrêté et jugé; si on ne peut pas l'arrêter immédiatement, le juge délivre contre lui un *warrant*, en vertu duquel il est recherché et incarcéré, et il comparaît aux Assises suivantes.

La loi anglaise n'admet pas le jugement par contumace. Lorsque l'accusé n'est pas arrêté, l'indictment est bien présenté en son absence au grand Jury, mais, s'il est suivi d'un *true bill*, ordonnance de mise en accusation, il faut le faire comparaître, l'examen du petit Jury ne pouvant avoir lieu en son absence. Lorsqu'il s'agit d'un crime de peu d'importance, le juge rend un *writ de venire facias*, sorte de sommation de comparaître; s'il n'y obéit pas, et qu'il possède des biens immeubles, la saisie et confiscation en est ordonnée jusqu'à ce qu'il comparaisse. S'il n'a pas de biens immeubles, un warrant ou *writ de capias*, est rendu par le juge, en vertu duquel le shérif doit le faire arrêter. Des warrants semblables sont rendus successivement à chaque session des Assises, jusqu'à son arrestation.

S'il s'agit d'un crime de félonie ou de trahison, le warrant d'arrestation est rendu de suite, et n'est pas renouvelé; si le prévenu ne peut être arrêté, le juge rend contre lui un *writ d'exigent*, en vertu duquel le shérif proclame dans cinq Cours du comté l'ordre à l'accusé de se présenter. Après la cinquième réquisition, à défaut de comparution, il est mis hors la loi, et tous ses biens mobiliers et immobiliers sont frappés de confiscation. Cette mise hors la loi équivaut à la conviction du crime. Autrefois, tout citoyen avait droit de tuer le félon mis hors la loi ; aujourd'hui, sa vie est protégée ; mais tout individu peut l'arrêter et le remettre entre les mains de la justice. Le prévenu mis hors la loi, et qui est arrêté, ne peut être amené devant le Jury pour défendre à l'indictment admis contre lui par le grand Jury, qu'après avoir fait annuler la mise hors la loi par un *writ d'error* (1).

Il n'existe pas en Angleterre de Cour de cassation ; la procédure est tellement simple, qu'on trouverait rarement lieu à annulation des arrêts pour vices de forme. Il peut se présenter cependant quelques cas susceptibles d'amener une réformation. Si l'accusé prétend que le fait qui lui est imputé n'est pas celui prévu par la loi, il peut former opposition à l'indictment, mais alors il faut qu'il avoue les faits, qu'il prétend mal qualifiés, et le juge décide le point de droit. S'il ne veut pas avouer les faits, ce qui pourrait entraîner sa condamnation, il laisse les débats suivre leur cours, et présente la question après le verdict du Jury. Elle est alors décidée par le juge, à moins qu'elle ne lui paraisse assez délicate pour être soumise aux douze Juges. Si l'accusé prétend que la peine qui lui a été appliquée n'est pas celle prévue par la loi, il peut se pourvoir devant la Cour du Banc du Roi, grande Cour criminelle en Angleterre, et solliciter de l'attorney général, qui ne peut le lui refuser, un *writ d'error* contre la décision rendue. Ce pourvoi n'est pas suspensif; mais, dans l'usage, le juge ordonne toujours de surseoir à l'exécution de la sentence. Enfin, si l'accusé prétend qu'un fait illégal se serait passé à l'audience, par exemple, que les témoins ou les jurés n'ont pas prêté serment sur la Bible, il peut aussi se pourvoir devant la Cour du Banc du Roi ; dans ce cas, si le fait allégué paraît à la Cour, de nature, s'il était établi, à entraîner la nullité de la procédure, elle renvoie l'examen de la preuve à un Jury choisi dans le comté, et, si la décision de ces jurés déclare le

(1) Blacktone, liv. 4, chap. 24.

fait constant, elle casse la première décision, et renvoie l'affaire devant un autre Jury.

La Cour du Banc du Roi est composée d'un Président, nommé *lord chief justice*, et de trois autres juges. Les affaires y sont plaidées par les avocats des deux parties, comme elles le sont devant les Cours et Tribunaux français. Après les plaidoieries, le juge qui a rendu la sentence attaquée, communique les notes prises aux débats aux autres membres de la Cour, et leur explique sa décision. Les juges statuent en donnant leur avis publiquement et à haute voix. Lorsque le pourvoi est formé pour fausse application de la peine, la Cour ne renvoie pas devant un nouveau Jury, mais elle réforme elle-même la sentence du premier juge et applique la peine déterminée par la loi.

CHAPITRE IV.

RÉSUMÉ COMPARATIF DES PRINCIPALES INSTITUTIONS DU DROIT CRIMINEL.

Nous avons terminé notre travail ; nous nous bornerons aux exposés sommaires que nous avons présentés de la Procédure criminelle en France et en Angleterre, sans oser aborder une étude comparative qui nécessiterait, non seulement un examen plus complet de la législation criminelle dans les deux pays, mais une sérieuse appréciation du caractère même des deux nations. Bien des institutions, en rapport avec les mœurs anglaises, et qui peuvent fonctionner facilement dans le pays du *self-government*, échoueraient en France si on essayait de les y importer. Laissons donc aux admirateurs de nos voisins d'outre-mer le droit de se passionner pour leurs institutions; mais qu'il nous soit permis, en terminant ce travail, de signaler, par un examen rapide des principales règles de notre législation criminelle, les motifs qui nous portent à préférer les institutions qui nous régissent à celles de l'Angleterre.

L'organisation du ministère public nous paraît, à ce point de vue, une des plus importantes de nos institutions, par les garanties qu'elle assure à la fois à la société et à l'accusé lui-même. L'action publique, laissée aux mains des particuliers, n'existe pas en réalité. Sans doute, si le coupable est placé dans une classe inferieure de la société, s'il ne jouit d'aucune considération, s'il ne possède aucune fortune, la personne lésée, maîtresse de son action, n'hésitera pas à exercer contre lui des poursuites pour obtenir la répression du crime ou du délit dont elle sera victime. Mais supposons, ce dont nous avons vu de nos jours de tristes exemples, qu'un homme, placé par sa fortune dans une position élevée, jouissant dans le pays de la considération publique, se rende coupable de quelque crime ou délit, contre un individu placé dans une position inférieure, celui-ci n'osera pas le poursuivre. S'il veut intenter une action criminelle, l'opinion publique se soulèvera contre lui, et, souvent, il se trouvera arrêté par la difficulté de fournir les preuves des faits dont il aurait à se plaindre, de trouver des témoins consentant à déposer contre l'homme puissant que nous supposons coupable. Celui-ci pourra trouver, dans son influence locale, peut-être même dans ses ressources pécuniaires, le moyen de suborner les témoins ou d'acheter leur silence, ou bien il parviendra à arrêter les poursuites, à l'aide de transactions pécuniaires qui entraveront l'action de la justice. L'exercice de l'action publique, confiée à un magistrat impartial, le plus souvent étranger à la localité, inaccessible, par devoir et par position, aux influences locales, donne au contraire à tous les citoyens les plus hautes garanties pour obtenir la réparation qui leur est due. Toute plainte, toute dénonciation est reçue au Parquet, examinée avec attention, de quelque personne qu'elle émane. Si elle est appuyée de présomptions sérieuses, quelque haut placé que soit celui qui est désigné comme coupable, elle est instruite avec le plus grand soin, et, s'il peut être parfois pénible au Procureur impérial d'avoir à sévir contre des personnes placées dans une position élevée et jouissant de la considération publique, il n'oubliera jamais qu'il a un devoir sérieux à remplir, et que la justice doit être la même dans tous les rangs de la société.

L'organisation de l'institution du ministère public assure même des garanties contre la faiblesse possible de quelques magistrats du Parquet. Leur décision est soumise à la surveillance du chef du Parquet de la Cour, dont la haute position ne peut laisser suspecter l'influence d'aucune considération particulière. La justice, saisie par la plainte de la partie lésée, ne peut être arrêtée par aucune transaction pécuniaire. Le plaignant n'est plus maître de son action ; son désistement même ne peut suspendre les poursuites. L'action appartient au ministère public, qui poursuivra, au nom de la société, le crime qui lui a été signalé, sans tenir compte des intérêts personnels des parties. A ce premier point de vue, il faut bien le reconnaître, l'institution du ministère public donne à la société les garanties les plus sérieuses pour la répression de tous les crimes et délits, et assure le maintien du principe sacré de l'égalité de tous les citoyens devant la loi, proclamé par nos constitutions.

Mais ce n'est pas seulement dans l'intérêt de la société qu'il nous paraît préférable de confier aux magistrats l'exercice de l'action publique, au lieu de l'abandonner, comme en Angleterre, à l'arbitraire de la partie lésée. Les accusés y trouvent aussi plus de sécurité, et de garanties contre d'injustes poursuites. En dehors de toute pratique des affaires criminelles, tout le monde sait combien l'individu qui se croit lésé dans ses intérêts, exagère les torts de celui qui lui a causé quelque préjudice. La jalousie, la haine, la vengeance, l'animosité de certains caractères bilieux peuvent entraîner des poursuites, sans cause sérieuse, contre des personnes innocentes. Les tribunaux, chargés de statuer définitivement sur ces poursuites, parviendront, il est vrai, dans la plupart des cas, à repousser celles qui n'auraient aucun fondement. Mais, sans exagérer les craintes que peuvent soulever à cet égard les difficultés de la défense, tout le monde sera obligé de reconnaître combien il serait pénible, pour l'homme injustement accusé, d'être traduit sans motifs devant un tribunal correctionnel, peut-être même devant une chambre d'accusation, dût-il en sortir avec un verdict d'acquittement. Nous trouverions facilement des exemples du danger que présente l'abandon de la poursuite aux mains des particuliers dans les plaintes nombreuses adressées au Parquet, et restées sans suite après l'examen impartial du ministère public; dans les procès, si souvent absurdes, portés devant nos tribunaux correctionnels, par la voie de citation directe, conservée, sans que nous en comprenions bien les motifs, par notre Code d'instruction criminelle, et qui finira sans doute par disparaître de nos lois, comme inutile et féconde en fâcheux résultats.

Ces dangers et ces inconvénients existent en Angleterre. Chez nous, l'examen préalable des plaintes et dénonciations par le magistrat auquel elles sont remises écarte toute crainte à ce sujet; les accusés ne sont l'objet de poursuites, les affaires ne sont soumises à l'instruction, que lorsqu'elles présentent un caractère sérieux, et qu'il existe quelques charges contre celui qui est inculpé.

L'institution du ministère public offre donc, à notre avis, une garantie nécessaire à toute législation criminelle. Son établissement a été demandé à plusieurs reprises en Angleterre, et était vivement appuyé, il y a quelques années, par lord Brougham; mais ces demandes ont été accueillies jusqu'ici avec peu de faveur (1), peut-être par suite du respect que professent les Anglais pour leurs anciens usages; et cependant ils semblent avoir rendu hommage au principe que nous signalons, par la création d'un attorney général, chargé de poursuivre d'office les crimes de haute trahison qui intéressent l'Etat et la Couronne, sans léser les droits des particuliers; et par le droit accordé aux coroners, officiers de police chargés de la constatation des meurtres, de poursuivre directement la punition de ces crimes. Il nous est donc permis de dire, que, si l'Angleterre a refusé jusqu'ici d'admettre en principe l'établissement du ministère public, ce qui entraînerait un changement complet de ses anciennes institutions, elle en reconnaît cependant l'utilité et la nécessité, pour assurer la répression des crimes qui portent la plus grave atteinte à la société.

Si, à ce point de vue, les hommes impartiaux sont obligés

(1) Nougarède, Lettres sur l'Angleterre, t. 4.

de reconnaître la supériorité de notre législation criminelle, on nous oppose souvent les règles concernant l'instruction préparatoire en Angleterre, le principe de la liberté sous caution, l'existence du Jury d'accusation, et enfin les formes de l'instruction devant les Cours d'assises, comme préférables à celles qui nous régissent. Quelques mots sur chacun des ces points nous suffiront pour démontrer l'exagération de ces critiques.

Sans doute l'instruction préparatoire est plus rapide en Angleterre; mais cette rapidité n'a-t-elle pas des dangers? L'instruction comprend uniquement l'audition du plaignant, des témoins qu'il produit, et l'interrogatoire de l'accusé. Aucune constatation, aucune recherche n'est faite pour découvrir la vérité. Il semble, les plus ardents défenseurs de la législation anglaise le reconnaissent, que dans ce pays les crimes n'inspirent pas la même réprobation qu'en France. Peu importe que les coupables échappent à la vindicte publique. Ceux-là seuls sont condamnés contre lesquels s'élèvent des témoignages tellement évidents, qu'il est impossible de les soustraire à l'action de la justice. Ces principes peuvent être admirés par ceux qui exagèrent les idées de philanthropie jusqu'à oublier la protection due à la société toute entière. Mais ils ont pour résultat de rendre les crimes plus fréquents par la facilité avec laquelle les coupables peuvent espérer échapper à une juste répression.

Et, sans nous arrêter à cette sévérité répressive que nous croyons nécessaire dans toute société bien organisée, peut-on soutenir sérieusement que l'instruction, telle qu'elle est faite en Angleterre, présente à l'accusé les garanties de bonne justice auxquelles il a droit. Elle est confiée à des juges de paix, fonctionnaires jouissant, il est vrai, de la considération publique, mais investis de ces fonctions sans aucune étude préalable de la législation, par le seul fait de leur fortune, et qui, exerçant dans leur comté, au milieu de leurs fermiers et tenanciers, sont soumis à toutes les influences locales. N'est-il pas à craindre, que le membre de la Commission de la Paix, chargé de la haute et difficile mission de diriger une instruction préparatoire, ne soit entraîné, involontairement et à son insu, à accepter et croire certains témoignages plus favorablement que certains autres, ou n'attache, par son inexpérience des lois, une trop grande importance à un fait sans gravité réelle au point de vue légal. Comment ne pas préférer voir l'instruction confiée à un magistrat spécial, habitué aux affaires criminelles, dont le devoir est de découvrir la vérité par tous les moyens imaginables, qu'elle soit ou non favorable à l'accusé. Sans doute les constatations judiciaires, les descentes sur les lieux, les expertises et autres moyens employés par nos juges d'instruction doivent rendre plus lente l'instruction préparatoire; mais ils la rendent aussi plus sûre, plus certaine ; et si la culpabilité du prévenu n'est pas établie par ces investigations, le juge n'hésitera jamais à rendre une ordonnance de non lieu, certain que si quelques coupables peuvent échapper à l'action de la justice par l'absence de preuves suffisantes, ces cas seront assez rares pour ne point porter une atteinte sérieuse à la société. Ne regrettons donc pas les lenteurs de l'instructión préparatoire, diminuées d'ailleurs par le zèle de nos juges d'instruction, par la diligence qui leur est sans cesse recommandée, et reconnaissons que ces lenteurs sont souvent nécessaires, dans l'intérêt de l'accusé lui-même, pour assurer une bonne justice.

Mais si les recherches de la justice entraînent des lenteurs que nous croyons indispensables à une bonne administration, l'inculpé, qui n'est pas encore reconnu coupable, doit-il en subir les conséquences par une longue détention préventive? Ne devrait-on pas accueillir avec faveur le principe admis en Angleterre de la liberté sous caution ? Notre Code d'instruction criminelle permet aussi au prévenu d'un simple délit, de demander à être mis en liberté sous caution. Il faut cependant le reconnaître, cette demande, qui ne peut être admise que sur les conclusions conformes du Procureur impérial, est rarement formée dans la pratique, et plus rarement encore accueillie; en sorte que la liberté sous caution, admise comme règle par la loi anglaise, est au contraire, chez nous, un fait tout exceptionnel. Mais n'oublions pas que la détention préventive ne doit être ordonnée que lorsqu'il s'agit de crimes ou de délits portant une atteinte sérieuse à la société, ou lorsque l'on peut craindre l'évasion du prévenu. Ces règles, dont l'exécution est recommandée par de nombreuses circulaires, diminuent beaucoup chez nous les fâcheux résultats de la détention préventive.

En Angleterre, malgré le principe que nous avons rappelé, cette détention est beaucoup plus fréquente qu'on ne le croit généralement. Le juge de paix qui reçoit une plainte délivre un warrant contre l'inculpé; celui-ci est amené ou se présente devant lui; si le juge reconnaît qu'il existe contre lui des charges graves, il ordonne qu'il sera conduit en prison; le prévenu peut, il est vrai, réclamer sa liberté, en offrant de donner caution, si le délit est moindre qu'une félonie; mais il ne faut pas oublier que les simples vols sont des félonies, en sorte que le principe de la liberté sous caution reçoit de fréquentes exceptions, même dans le cas de délits sans importance, et qui ne donnent presque jamais lieu en France à la détention préventive. Ne nous exagérons donc pas le respect de la liberté individuelle en Angleterre, respect auquel il est sans cesse porté atteinte, et qui n'a pas empêché de reconnaître aux juges de paix le droit d'envoyer et de maintenir en prison l'individu seulement soupçonné de vouloir commettre un délit, s'il ne peut souscrire ou cautionner la reconnaissance qui peut lui être imposée dans ce cas.

Il faut d'ailleurs le reconnaître, le principe de liberté sous caution viole, d'une manière flagrante, la règle de l'égalité de tous les citoyens devant la loi dont nous proclamons en France le respect, le prévenu d'une classe inférieure restant soumis à la détention préventive, par l'impossibilité où il se trouvera de fournir caution, tandis que l'homme riche, accusé d'un délit peut-être plus grave, pourra conserver sa liberté. Nous ne pouvons envier à l'Angleterre ce privilége de caste, et nous préférons le droit laissé au juge d'ordonner, dans tous les cas où il le croit nécessaire, la détention préventive, sans distinction de personnes, certain que le caractère et l'impartialité des magistrats français doit éloigner toute crainte d'abus ou d'arbitraire dans l'exercice de ce droit.

Il nous reste à comparer, en peu de mots, la procédure suivie devant les tribunaux criminels. Tout le monde reconnaît l'utilité d'une première juridiction, chargée d'examiner et d'apprécier les résultats de l'instruction préparatoire, de manière à éviter de porter devant les Assises des affaires qui ne doivent pas leur être soumises. Est-il préférable de soumettre cet examen préliminaire à un Jury d'accusation, au lieu de le réserver à des magistrats supérieurs composant la chambre des mises en accusation? Le Jury d'accusation a fonctionné en France sous l'empire de la loi de 1791 et du Code de brumaire an IV; cet essai a révélé de graves inconvénients. Le Jury d'accusation ne peut siéger d'une manière permanente ; il se réunit à des époques périodiques et les accusés doivent attendre, en état de détention préventive, l'examen de l'instruction préparatoire; la chambre d'accusation siége au contraire en permanence au chef-lieu de la Cour impériale, et examine, sans aucun délai, les affaires qui lui sont adressées, de sorte que si la Cour décide qu'il n'y a point lieu de renvoyer l'accusé devant les Assises, il est remis de suite en liberté. D'un autre côté, l'instruction, telle qu'elle se fait en Angleterre par le Jury d'accusation, au moment même des Assises, nous semble un rouage sans utilité sérieuse. Le grand Jury est saisi de l'indictment, acte d'accusation dressé par le plaignant; il écoute les observations présentées à l'appui de la plainte, reçoit les dépositions des témoins. C'est d'après cette instruction orale qu'il déclare s'il y a lieu à accusation; quelques instants après, les mêmes dépositions sont répétées devant un autre Jury, qui subira sans doute les mêmes impressions. Dans la plupart des cas, le verdict d'accusation, qui n'est prononcé que s'il existe des preuves suffisantes contre l'accusé, sera suivi d'un verdict de culpabilité, et l'on peut craindre que la décision du grand Jury n'exerce une grande influence sur celle rendue par le Jury chargé du jugement définitif.

Le Jury d'accusation doit d'ailleurs apprécier le caractère des faits qui lui sont déférés, pour savoir s'ils tombent sous l'application de la loi, et déterminer les règles de la compétence. Les jurés seront-ils toujours aptes à décider des questions de cette nature qui peuvent exiger une connaissance approfondie des lois et de la jurisprudence, et une sérieuse expérience des affaires. En France, la mise en accusation est confiée à des magistrats mûris par la longue pratique des affaires. Ils n'examinent point seulement la gravité des charges, mais le caractère légal des faits, et il arrive souvent que la chambre d'accusation décide que l'affaire, renvoyée devant elle comme constituant un crime, renferme seulement les caractères d'un simple délit qui doit être jugé par les tribunaux correctionnels, ou que les faits ne tombent pas sous l'application de la loi pénale. Que l'on nous permette d'en citer un exemple : Une fille J... avait, dans un procès porté devant le juge de paix de..., réussi à suborner un témoin qui avait fait en sa faveur une fausse déposition à l'audience. Quelques jours après, mais avant le jugement, le faux témoin, pressé par les remords, rétracta sa déposition. La fille J..., poursuivie pour subornation de témoin, avoua les faits, et le juge d'instruction renvoya l'affaire devant la chambre des mises en accusation. Un Jury d'accusation eût certainement traduit la prévenue devant les Assises. Mais, d'après la jurisprudence de la Cour de cassation, la subornation de témoins ne peut être punie qu'autant que le faux témoignage n'a pas été rétracté, et la chambre d'accusation de la Cour de Rennes, par un arrêt du 15 mars 1860, rendit en faveur de l'inculpée un arrêt de non lieu.

Souvent aussi, les charges qui ont paru suffisantes au juge

d'instruction pour renvoyer l'accusé devant les Assises perdent de leur gravité par l'examen froid et impartial des magistrats de la Cour, qui n'entendent pas les témoins, se bornent à lire les pièces de l'instruction, et sont ainsi moins accessibles aux influences involontaires que peut subir le juge qui reçoit les dépositions. Il y a donc dans ce mode d'examen préalable une garantie plus sérieuse d'impartialité en faveur de l'accusé. Enfin, l'arrêt de mise en accusation ne peut avoir aucune influence sur les jurés qui, saisis plus tard de l'affaire qui leur est déférée, n'ont à se préoccuper en aucune manière de la décision qui a renvoyé l'accusé devant eux. Terminons sur ce point, en disant que le Jury d'accusation, lorsqu'il fonctionnait en France, subissait le plus souvent, en raison même de son peu de connaissance des lois pénales, l'influence du magistrat directeur du Jury qui avait dressé l'acte d'accusation, en sorte que l'accusé se trouvait réellement privé de la garantie de l'examen préalable aujourd'hui confié à la chambre d'accusation. Ce dernier motif a paru assez sérieux, après une expérience de quelques années, pour décider la suppression de nos lois du Jury d'accusation, et pour le faire remplacer par une juridiction plus régulière qui, à notre avis, présente de véritables avantages.

Quant à la procédure suivie devant nos Cours d'assises, elle a soulevé bien des critiques. On a soutenu en premier lieu que la présence d'un tribunal composé de trois juges était inutile; qu'il suffirait comme en Angleterre d'un magistrat chargé de présider l'audience, et ne prenant part aux débats que pour leur imprimer une bonne direction et surveiller l'accomplissement des formalités légales. Peu de mots nous suffiront pour démontrer le peu de fondement de cette critique Le rôle des magistrats de la Cour d'assises n'est point purement passif comme on le prétend. Ils doivent statuer sur tous les incidents qui se présentent, sur les conclusions de la partie civile, s'il en existe au procès, et on nous accordera, sans doute, que l'examen de ces questions par un tribunal est préférable à la décision qui serait rendue par un seul magistrat. N'oublions pas d'ailleurs que la question principale soumise à la Cour est l'appréciation de la peine à infliger à l'accusé reconnu coupable, et nos lois pénales laissent, dans la plupart des cas, assez de latitude entre le maximum et le minimum de la peine, pour qu'il soit nécessaire de donner à l'accusé la garantie d'une véritable décision judiciaire, au lieu de le soumettre à l'arbitraire ou à la sévérité du président.

En dehors de ce point, nous sommes obligés de reconnaître que les formes employées devant les Cours d'assises de l'Angleterre sont, dans quelques parties, préférables à celles en usage devant nos jurés. Nous en excepterons toutefois l'interrogatoire des témoins, fait par le défenseur du plaignant, qui, entraîné souvent par l'intérêt qu'il attache à la condamnation, peut, par des questions insidieuses, amener des dépositions funestes à l'accusé et qui ne seront pas toujours détruites par le *cross-examination*. Souvent aussi le défenseur se laisse entraîner, vis-à-vis des témoins, à des personnalités qui peuvent entraîner des incidents regrettables (1). L'interrogatoire, fait

(1) Au moment où nous écrivons ces lignes, nous trouvons, dans un journal de Paris, le compte-rendu d'un procès jugé il y a quelques jours par la Cour de Westminster, et dans lequel M. Disraëli, membre du Parlement, était cité comme témoin. Nous copions textuellement les questions qui lui ont été adressées, qui montreront comment les défenseurs procèdent, dans certains cas, à l'interrogatoire :

M. Disraëli. — Le 2 juin dernier, j'ai reçu une lettre sous enveloppe marquée F. G.

Le défenseur. — Avez-vous prêté serment conformément à votre croyance?

M. Disraëli. — Certainement.

Le défenseur. — Alors, comment se fait-il que vous n'ayez pas prêté serment, d'après la religion juive, avec votre chapeau sur la tête.

M. Disraëli. — Je suis chrétien, vous le savez, et pour cette raison, je ne mets pas mon chapeau en prêtant serment.

M. Humphrey prie le défenseur de ne pas insulter l'honorable témoin.

Le défenseur à M. Disraëli. — Depuis qu'on a retiré la loi sur l'incapacité des israélites, n'êtes-vous pas retourné au sein d'Abraham ?

Le président dit qu'il est bon d'empêcher de pareilles questions. Il est trop en France par le président des Assises, conserve toujours la gravité et l'impartialité désirable, et le droit réservé aux parties de faire poser aux témoins les questions qu'elles croient utiles, sauvegarde complètement leurs intérêts, sans entraîner les inconvénients que nous signalons dans le mode de procéder en Angleterre.

tard pour les faire. Si le défenseur avait l'intention de discuter la validité du serment fait par le témoin, il aurait dû s'y prendre plus tôt.

Le défenseur. — Je poserai seulement cette question au témoin : Vous croyez-vous lié par le serment que vous avez fait ?

M. Disraëli. — Assurément.

Le défenseur. — Cela me suffit. Après cette déclaration, je n'ai plus à m'inquiéter si vous avez abandonné votre première croyance ou si vous y êtes revenu. Un mot encore. Quand vous recevez une communication sur les affaires parlementaires, vous demandant de remplir un devoir ou de faire quelque chose en rapport avec votre devoir comme membre du Parlement, vous considérez-vous comme justifié en montrant cette communication à celui qu'elle concerne.

M. Disraëli. — Cela dépend du caractère de la personne qui fait cette communication. Dans le cas actuel, la personne qui m'a écrit avait l'habitude de m'envoyer souvent des lettres, les unes d'un caractère menaçant, les autres d'un caractère ridicule, et toutes fort absurdes du reste, et j'ai pensé qu'il était convenable d'envoyer la communication à la personne la moins intéressée, et par conséquent à sir James Fergusson.

Le défenseur. — Puis-je vous demander par qui vous croyez que ces lettres ont été écrites ?

M. Disraëli. — Par vous-même.

Le défenseur. — Vos observations sont fort ridicules.

M. Hamphrey. — Avez-vous encore d'autres questions à adresser au témoin ?

Le défenseur. — Oui, mais on ne veut pas me le permettre. — Au témoin. Avez-vous jamais répondu à ces lettres ?

M. Disraëli. — Jamais ; mon secrétaire pourrait en témoigner.

Le défenseur. — Ne m'avez-vous pas écrit, pendant que j'étais à New-York, pour me remercier d'avoir frappé sur lord Palmerston dans le *New-York-republican-review*.

M. Disraëli, en souriant. — Je ne vous ai jamais écrit.

Le défenseur pose encore à l'honorable témoin une question impertinente, mais il est arrêté par le président qui déclare qu'il ne peut le laisser continuer sur ce ton.

Mais nous reconnaîtrons volontiers, que les plaidoiries, pour soutenir l'accusation ou présenter la défense, ont pris chez nous un développement qui peut nuire à la libre appréciation du Jury. L'éloquence, développée de part et d'autre, soit pour démontrer la perversité du coupable, soit pour détruire, souvent en les dénaturant, les dépositions des témoins, peut jeter des doutes et provoquer des scrupules dans l'esprit des jurés, peu habitués aux luttes de la parole, et embarrassés quelquefois pour découvrir la vérité au milieu des subtilités des arguments présentés par d'habiles défenseurs. Nous avouerons aussi qu'il peut arriver que le magistrat, présidant les Assises, entraîné involontairement et à son insu, par sa conviction personnelle, ne présente pas le résumé de l'affaire avec toute l'impartialité désirable, inconvénient évité en Angleterre par le soin que met le juge à se borner à la lecture sèche et sans commentaire des notes prises à l'audience sur les dépositions des témoins. Mais ce dernier fait est exceptionnel, et la plupart des Conseillers, chargés de présider les Assises, ont soin d'en éviter les inconvénients. Quant à la liberté de la défense, nous ne pensons pas que la crainte de quelques abus de la parole doive décider à priver l'accusé du secours de l'éloquence de son défenseur, et il suffira souvent au magistrat du Parquet, de ramener, par des paroles froides et impartiales, le débat dans ses véritables termes, pour rendre aux jurés, les plus impressionnés par la plaidoirie du défenseur, la pleine liberté de leur appréciation.

Les critiques soulevées contre notre procédure pourraient être plus sérieuses en ce qui touche la position des questions soumises aux jurés. Ces questions ne doivent pas être complexes ; mais elles portent sur une foule de circonstances jugées nécessaires pour bien apprécier la culpabilité de l'accusé. Les jurés commentent et développent souvent ces différentes circonstances dans la chambre de leurs délibérations, et ces discussions sur un grand nombre de faits accessoires peuvent jeter le doute et l'indécision dans la conscience d'hommes peu habitués aux affaires. Cette difficulté est encore compliquée par la question des circonstances atténuantes. Reconnaissons le franchement, l'admission de circonstances atténuantes en faveur de l'accusé, est déterminée, dans la plupart des cas, non pas par l'existence réelle de circonstances pouvant atténuer le crime, mais quelquefois par le doute qui existe dans l'esprit de certains jurés et le plus souvent par le désir de diminuer la peine prononcée par la loi. Aussi nous les voyons surtout admises, pour les crimes que la loi punit de la peine capitale, et dans les cas où la loi laisse le moins de latitude aux juges pour l'application de la peine. De là ces verdicts, scandaleux aux yeux du monde, par lesquels des circonstances atténuantes sont accordées, par exemple, au coupable d'un parricide commis avec des circonstances les plus graves.

En principe, les jurés ne devraient pas se préoccuper du résultat de leur verdict ; ce qu'ils ont à décider, c'est une simple question de fait ; mais l'habitude contraire a prévalu en France, et l'introduction faite par la loi de 1832 dans notre Code pénal du bénéfice des circonstances atténuantes a rendu plus général encore l'usage, par nos jurés, de calculer les conséquences pénales de leur verdict. Peut-être eût-il été préférable d'accorder à la Cour une plus large appréciation, en lui permettant d'abaisser elle-même, dans les cas où elle le jugerait utile, et de plusieurs degrés, l'échelle des peines. Mais on a craint de porter ainsi atteinte à l'appréciation de fait réservée aux jurés (1), et on a préféré leur laisser le soin de déterminer par un verdict spécial, s'il y avait lieu à cette atténuation. A notre avis, la simplicité avec laquelle sont rendus les verdicts en Angleterre peut être préférable. *Guilty or not guilty ;* l'accusé est-il coupable ou non coupable. Telle est, en général, la seule question soumise aux jurés qui puisent dans leur conscience et dans les circonstances

(1) Rapport de M. le Garde des sceaux à la chambre des Pairs (*Moniteur*, 9 janvier 1832).

du procès les éléments de leur conviction sans être tenus d'en déterminer les motifs. Il n'y est pas question des circonstances atténuantes. L'application de la peine est par là même souvent plus sévère en Angleterre, et on trouve peu de sessions dans lesquelles ne soient pas prononcées plusieurs condamnations capitales; mais le Souverain atténue par de nombreuses commutations la sévérité de la loi. Il y a dans ce fait un côté fâcheux peut-être, les condamnés s'effrayant fort peu d'être frappés par le glaive de la loi qu'ils savent devoir rester le plus souvent impuissant. Mais la loi est appliquée dans sa rigueur, et tout le monde sait que le respect du texte de la loi est considéré par les Anglais comme la principale sauvegarde de la société dans leur pays.

En résumé, si nous exceptons quelques détails de procédure, sans importance réelle dans la législation criminelle, l'examen rapide que nous venons de faire nous permet de dire hautement que les règles qui régissent en France la procédure et l'instruction criminelle sont plus en rapport que celles de l'Angleterre avec le caractère de notre Nation, et préférables sur bien des points, par les garanties qu'elles offrent à l'accusé et à la société elle-même. *A l'accusé,* en retirant le droit de poursuite à la partie lésée, pour le remettre à un magistrat intègre et impartial qui examine chaque affaire avec tout le sang-froid désirable, et dont la décision est d'ailleurs soumise au contrôle et à la haute surveillance d'un magistrat supérieur; en refusant même le droit d'ordonner la détention préventive au ministère public, qui pourrait être regardé comme accusateur, pour le confier au juge d'instruction, qui n'en use que lorsqu'un premier examen a fait découvrir des présomptions sérieuses de culpabilité; enfin en prescrivant dans l'instruction préparatoire les soins les plus minutieux pour arriver, non pas à justifier l'accusation, mais à la manifestation de la vérité. *A la société,* en donnant aux magistrats les pouvoirs suffisants pour arriver à la répression des crimes, sans que cette répression nécessaire puisse être entravée ou arrêtée par les transactions pécuniaires des parties; en leur permettant d'agir avec une promptitude suffisante pour découvrir les coupables, et réunir les preuves des crimes, dont la punition est nécessaire à la sûreté des bons citoyens.

Il est dans le caractère et les habitudes de notre Nation de compter sur la protection du Pouvoir, pour assurer la tranquillité personnelle de tous. C'est là un fait constant, dont il faut tenir compte pour apprécier nos lois et nos institutions. Nous sommes certains, qu'à ce point de vue, les hommes impartiaux reconnaîtront avec nous, que si notre législation criminelle peut avoir encore besoin d'être réformée dans quelques dispositions de détail, elle est du moins en rapport avec nos mœurs, notre caractère national, et garantit autant que possible les droits de la société, sans porter atteinte aux droits aussi sacrés de la défense des accusés.

www.ingramcontent.com/pod-product-compliance
Ingram Content Group UK Ltd.
Pitfield, Milton Keynes, MK11 3LW, UK
UKHW012049240726
13965UKWH00003B/1151